ダウン症の
赤ちゃんを授かった
すべてのお母さんへ

療育サバイバルノート

Jun Watanabe
渡辺ジュン

元就出版社

写真提供――著者・『ホストタウン／エイブル２』小栗謙一監督作品

はじめに

人の幸・不幸は与えられた状況で決まるわけではない。

手に入れたものの量や質で決まるのでもない。

何が出来るか、出来ないか、で決まるのでもない。

「幸せ」は向こうにある、ふわふわしたものではない。

「幸せ」は意志だ。

幸せでありつづけようとする意志と、その意志に従う行動だ。

「幸せ」はいつも恵まれた環境から生まれるとは限らない。

何もないところからも、悲惨に見えるところからさえも、おかまいなしに生まれ、おのずから幸福を形作っていく。

だから誰にも、どんな境遇にある人にも、幸せになるチャンスは平等にある。

ずっとそのことを確かめたかった。そして確かめた。

自分の幸・不幸は自分で決められるのだ。

療育サバイバル・ノート——目次

療育サバイバルノート――目次

サバイバルの始まり

サバイバルと聞くと、孤島のロビンソン・クルーソーや巌窟王エドモン・ダンテスが頭に浮かぶ。人によっては雪山や戦場を思い浮かべるかもしれない。どちらにしても、危険なところへ自分から寄っていく趣味のない私には、生涯無縁な言葉だと思っていた。

しかし縁あって、ルバング島のジャングルで三十年間、たった一人で見えない敵と戦いつつ生き延びた元日本兵、小野田寛朗さんの講演を聴く機会があった。テーマはもちろんサバイバル。お話の中で小野田さんは、米軍のサバイバルマニュアルを引用された。

〈サバイバルの心得——

その1、生きる望みを失わないこと。

その2、それまでと異なった状況下では、それまでと異なった行動をとること。

その3、方針を決めたらすぐ実行に移すこと〉

それを聞いてはあーと感心すると同時に、ちらと胸の奥で何かが思い出されるような感じがした。いつだったか私もジャングルで、一人見えない敵と戦っていたような……。

ああ、そうだ、そんなことがあった。追いつめられて自分を変えなければならなくなったことが。

二二年前、次男の元《げん》がダウン症候群という障碍《しょうがい》（障害）を負って生まれたとき以来、ひょっとしたら私の人生はサバイバルになっていたのかもしれない。小野田さんとはスケールが全然違うにしても……。

元がやって来るまで、わが家はとりたてて目立ったところのない普通の家庭だった。夫は広告カメラマンとして会社勤務をしながら独立を目指しており、ひとり息子をとても可愛がっていた。私は料理のレシピを切り抜いたり、家族のセーターを編んだり、鉢植えの花を育てたりして日々を暮らし、いずれは老いた親の世話をしながら自分も老いていくのだろうと漠然と思っていた。その前に、もう一人くらい子どもを産み育てておいてもいいだろう。もうじきやってくる新しい家族の一員を、私たちはみな心待ちにした。

しかし、一夜明ければすべての未来はキャンセルとなった。それまでとは全く異なった状況に放り出されてしまったのだ。遊覧船が難破したようなものである。

その赤ん坊はどう見ても、ずらっと並んで寝かされている他の子たちより見劣りがした。母親の私はちょっとがっかりした。いや、ものすごくがっかりした。いつの間にか大多数の人たちと同じように、何でも大きくて強くて美しいものに価値があると、単純に信じ込むようになっていたらしい。染色体に異常があるダウン症の子は、この先、大きくも強くも美しくもなる見込みはない、と医師は遠まわしに言った。それどころか頭も良くはならないのだ、と。

　知恵遅れ！　それは信じられない、信じたくない宣告だった。知恵遅れ？　まさか！　なぜ？　どうして！

「知的障碍って、それは学校に行かれる程度でしょうか」と私は必死で食い下がった。

　そんな言葉が自分の口から出てきたのが不思議だった。それまで私はとくに学歴信奉者でもなく、むしろ今の学校のあり方には違和感を覚え、批判的な意見をはくこともあったのだ。でもそれも、学校制度の内に迎え入れられてきた安心感から出た、甘ったれた考えに過ぎなかったのだろう。

　現に、自分の子が大きくなっても学校に入れてもらえないかもしれない、と危ぶんだとたん、私の中から思いがけない恐怖が湧きあがってきたのだから。自分がお腹の中で何を考えているかなんて、本当に追いつめられるまではわからないものだ。

　医師は私の問いに変化球を返してきた。

「ダウン症のお子さんは免疫力が弱いため病気にかかりやすく、あまり長生きはできないかもしれません。まあ学校を出るくらいまでは大丈夫でしょうから、それまでせいぜい可愛がって育ててあげてください」

　まさか二一世紀の産科医が、こんないい加減なことをまだ言っているとは思わない。これは一九八一年にすでに高齢だった医師の言葉なので、どうか信じないで欲しい。少なくとも私のダウン症の息子はすでに学校を出て二二歳になり、家中でいちばん健康だ。障碍について予備知識のない母親にとって、医師の言葉は限りなく絶対に近い。私がなぜか何の根拠もなく、その言葉を信じまいと決めたのは、思い返せばわれながら賢明な判断であった。

以後同じように、専門家と呼ばれる人の悲観的な見通しを聞かされながら、〈この人の言うことを信じまい〉と何度繰り返し思ったことだろう。また、同じ境遇にあるお母さんたちが、子どもの暗く悲しい未来を語っては嘆くのを、想像上の両手で耳を塞ぎ、聞き流していくのにどんなに努力が必要だったろう。

一般に、私のとったこのような振る舞いは現実逃避とみなされる。あまりにも辛い現実を受け入れることができず、非現実的な妄想を抱くのだ。つまり「この子はよくなる」と。かわいそうに……。

ところで、当時の現実的なものの見方とは次のようなものだ。

〈ダウン症のこの子は病弱で長生きできない〉
〈この子は読み書きも満足にはできない〉
〈この子は運動もうまくできない〉
〈大人になっても仕事には就けない〉
〈人の世話にならなければ生きていくことができない〉

よって、

〈この子は社会のお荷物である〉
〈できれば生まれてこないほうがよかった〉
〈この子の人生は幸せではない〉
〈この子の親の人生も幸せではない〉

暗にではあっても、そういった言われ方がことごとく気に入らなかった私は、やむなく現実的であることをやめることにした。しかし、それが逃避であったとはこれっぽっちも思っていない。

そもそも人の世話にならないで生きている人なんかどこにいるのか。ルバング島の小野田さんぐらいのものではないか。小野田さんは破れた衣服をつくろうために針まで自分で作ったそうだ。なんでもひとりで出来てしまいそうな小野田さんだが、煙草だけは作れなかった。ジャングルの端までいくと、遠くに村人が野良仕事をしているのが見える。休憩のときに彼らが煙草をふかしているのを見てうらやましくてならない。なんとかあの煙草を分けてもらえないものかと考えたが、姿を見せれば敵に通報されるに決まっている。自分は彼らの社会の一員ではないのだ。敵なのだ。だからたとえ大金を持っていたとしても煙草一本手にいれることが出来ない。そのときつくづく社会というもののありがたさが身にしみたそうだ。

社会の一員であれば、自分の持っているものと人の持っているものを、等価交換することができる。何から何まで自分で作らなくてもよくなるのだ。針を作るのに、持っていたコイルを短く切り分け、火をおこしてそれを熱し、石の上で叩き潰し、ナイフの先で穴を開け、水につけて硬く締め、先を尖らし、と大変な手間をかけたのが、雑貨屋に行ってお金を払えばずっと質の良いものが簡単に手に入るのだ。それが私たちが社会を創ったことの一つの意義だった。

その社会が同意する価値観に従うのを止めたときから、私は「常識的なものの見方」を相手にまわし、孤独なサバイバルへと突入していったのだった。

『親こそ最良の医師』

保健婦さんからの情報をたよりに、ダウン症児の親の会というところに入会した。さっそく送られてきた会報には、医療や教育、福祉関係の記事とともに、先輩お母さんたちの意見や取り組みも紹介されており、その中にはすでに常識コースから離れて独自の道を歩んでいる人もいた。アメリカの風景をバックにお母さんと笑っているダウン症の幼児の写真を、指をくわえるような思いで眺めた。

アメリカでは、障碍児教育も日本とは比較にならないほど進んでいるらしい。けれどわが家は、この日本で子育てをするしかないのだ。

まだ首のすわらない赤ん坊にベビーカーは危険なので、祖父母が昔ながらの頑丈な乳母《うば》車を贈ってくれた。大きな幌のついた立派な乳母車で、それを押して歩くと、坊ちゃまを散歩させている乳母のような気分がした。

その乳母車とともに日課の散歩に出るときは、コースに大小の本屋を組み込み、何かヒントを与えてくれそうな本はないかと棚をあさった。そして出会ったのが『親こそ最良の医師』というグレン・ドーマン博士の著書だった。まずそのタイトルに惹かれた。

『親こそ最良の医師』

障碍児の親にとって何と心地よい甘美な響きだろう。

ダウン症児の一般的傾向や留意点については、もちろん医師や保健婦が多くの専門知識を持っている。でも目の前にいるこの特定の子どもについては、毎日朝から晩までつきっきりでいる、親こそがいちばんの専門家であるはずだ。

食事作りや洗濯や、兄弟姉妹の世話、親戚付き合い、近所付き合い、その他もろもろで大忙しの親たちに代わって、医療、教育、福祉の専門家たちが、分厚い書物を読み、先端技術を学び、進路の整備をしていてくれて、いざ親が助けを求めたとき、その知識や経験や技能を提供してくれたなら、それはどんなにありがたいことだろう。

けれども一家がどんなライフスタイルを選ぶのか、子どもにどんな環境や未来を与えたいのかといった、基本的な生活設計に関してはあくまでも親と子が主体のはず。専門家に人生のデザインまでまかせてしまうわけにはいかない。

私自身これまで、そのときそのときに関わっている医師や保健婦、学校の先生、親仲間などの意見に大いに助けられることもあり、反面、影響を受けて自分の方針がぐらついてしまうこともあった。

でも息子が二十代になってみると、どんなに親身になってくれた先生も、二、三年を単位に息子の前を通り過ぎていったのだ、ということがよくわかる。

ずっと残り続けるのは親だ。子どもの人生にずっと一貫して関わり続けるのは親だけなのだ。だからこそ覚悟を決めて、まわりに惑わされず、長い目で見て子どもの幸せにつながるような選択をしていこう。まわりの意見に従って、それがもし間違っていたとしても、誰も責任をとってはくれないのだから。

ところで、私のダウン症の息子は名を元《げん》と言う。「元気の元です」というと大抵すぐ覚えてもらえるので、この名前でよかったと思っている。けれども生まれる直前まで、私たち両親が用意していた名前はまったく別のものだった。

名前の候補は二つあって、一つは「翔《しょう》」、もう一つは「那由多《なゆた》」。

翔というのは天翔けるペガサスのイメージ、那由多の方は、兄の名が零《れい》なのでやはり数にちなんだ名をと、億よりも大きい数の単位名のうち、いちばん人名らしいものを選んだのだ。

ところが生まれた子は知能の発達に問題があり、読み書きも満足には出来ないらしいと聞いてみれば、翔も那由多もいかにも字画が多すぎる。もっと簡単に書けるいい名前はないか、と急きょ額を寄せあつめ、

「一と書いて、はじめはどうか」

と言ったのは父親である。

「何もそこまで簡単にしなくても」

と私が異議を唱え、そこで同じ「はじめ」でも、もう少しだけ字画の多い「元」の字が浮上してきた。私はその字を見て「ゲン」と呼びたいと主張した。強い響きの音で呼び続ければ強い子に育つ気がしたのだ。

そんな泥縄式の命名だったが、息子の風邪もひかない丈夫な身体と少々頑固な態度を見るにつけ、「ショウ」でも「ナユタ」でもなく、まさしく「ゲン」だなあと面白く思う。

名前は赤ん坊自身が選んでくるのだ、という説を聞いたことがあるが、案外本当なのかもしれない。

こんなふうに書いてしまうと、障碍児が生まれたという人生の一大危機を、早い時期から難なく乗り越えたかのようだが、そんなことはない。思いがけない悲劇に遭遇した人がたどるというお定まりの心的アップダウンコースを、私もしっかり通ってきた。

まず最初にくるのがショック、つぎに否認。「そんなばかな、何かの間違いに違いない」というやつだ。間違いでないことがはっきりすると、こんどは怒りだす。「冗談じゃない！　何で私がこんな目に会わねばならないのか！」

怒り狂っても事態が改善されないことを覚ると、しゅんと落ち込む。「どうせ…」、「せめて…」、「もしも…」と言葉に勢いがなくなる。そして悲しみに浸って時を過ごす。「目の前が暗くなる」という言い回しは単なる言葉のあやだと思っていたが、それが実際の生理現象であることを知ったのもこの時期だ。

沈む気持ちを励ましながら、毎日元を散歩につれだしていたある日のこと、乳母車の中で眠ってしまった元を脇において、公園のベンチで一休みすることにした。

いつの間にかすっかり物思いにふけってしまったようだ、気がつくと辺りが薄暗い。いけない、もう夕方になってしまった、と公園の大時計を見上げると意外なことにまだ二時過ぎだ。空は、と見れば高い位置で輝く太陽に雲ひとつかかっていない。明るい初夏の昼下がりのはずなのだ。(ああ、本当に目の前が暗くなっている……)私はあわててまぶたをこすった。世界はあいかわらず薄ぼんやりとしたままだった。

しかし、ここで終わらないのが生きていることのすごさだ。肉体の傷と同じように心の傷にも治癒力が働きはじめる。悲しみにくれている間にも陽は昇り、陽は落ち、風が吹き、雨が降り、木々は芽吹き、花が咲き、赤ん坊は笑うようになる。心の雨戸を少し開けて外の風を入れようか、という気にもなる。

よく見ればこの子はけっこう可愛いではないか。何といっても無条件に私を信じ、頼りきって、それでようやく生き延びられる命なのだ。よし、この子のためにひと肌脱いでみようか。

そのとき親の心に受容という大きな変化が訪れる。ＯＫ、いまの状況、いまの立場を受け入れよう。障碍児の親としての人生を引き受けよう。

そう思ったとき、高揚した気分とともに、それまで走ってきた快適な一般道から大きくハンドルを切って、舗装もガードレールも標識もないオフロードへ、ガタガタと踏み入っていく軽自動車を見たような気がした。

ドーマン法って何？

ドーマン博士の『親こそ最良の医師』を読んで、一条の光が射し込んだように感じた私は、何とか元にドーマン法の訓練を受けさせられないものかと考えた。

ドーマン法というのは本来、脳障碍のためにうまく歩いたり、話したりできない子どものための訓練法なので、染色体異常であるダウン症にも効果があるのかどうか、本からだけではよくわからなかった。

生後六カ月たってもまだ首がすわらず、まるで軟体動物のように体がぐにゃぐにゃしている元の様子は、育児書が示す発達の指針から大きく逸脱していた。初めからわかっていたこととはいえ、発達の遅れがはっきりと目に見えだすと、これで本当に歩けるようになるのだろうかと私はひどく心配になった。わらにもすがる思い、というが、ドーマン法はわらよりずっと頑丈で頼りになりそうだった。

グレン・ドーマン博士は障碍のある子の将来について、悲観的でない見通しを初めて私に示してくれた人だ。そのことだけでもドーマン博士にはとても感謝している。

ドーマン法の訓練は、そのユニークな理論にもとづいて考案された、様々な運動の組み合わせからなっているが、中でもパタニングという強制運動が重要な位置を占めている。これは、台の上にうつ伏せに寝かせた子どもの頭と両手足を、三人の大人が分担して持ち、リズムに合わせていっせいに動かすという奇妙なものだ。

台の上の子どもの動きはまるでトカゲかワニが這っているかのようだが、まさにその通り、爬虫類の動きを再現しているのだ。立って歩かない子にワニの真似をさせてどうする気かって？

赤ちゃんをよく観察すると、歩く前には二本の足で立ち、立つ前には這い、這う前には座り、座る前には寝返りをうち、寝返りをうつ前には首を持ち上げている。どの運動にもその準備となる前段階の運動があり、その準備運動を充分にしておかないと次の運動に移っていくことが難しい。

さらに遡って、胎児時代の赤ちゃんは羊水の中で魚のようにえら呼吸をしていたり、ネズミのようにしっぽがあったり、サルのように毛におおわれていたりする時期があるらしい。これは生命が、この世界に誕生して以来たどってきた進化の道すじを、早回しで追体験しているのだと考えられている。

このような長い長い進化の積み重ねの上に、様々な準備運動の果てに、私たち人間は立って歩くようになったわけだ。

さてそこで、立って歩かない子は、障碍のせいであるにせよ、その前の準備が充分になされていないと考えてみたらどうだろう。そうすれば支えにつかまらせて無理に立たせたり歩かせたりするより、立つ前の運動、這うことを充分にやらせればいい、と気づくだろう。

ただし人間の赤ちゃんのはいはいは、かなり進化したスタイルになっているので、より原始的な、爬虫類が這うときの動きを身体を通して脳にインプットするわけだ。パタニングには爬虫類スタイルの他に、上級の哺乳類スタイルもある。やがて爬虫類が哺乳類となり、木の上のサルが草原に下りて、直立歩行を始める日を夢見ながらの訓練である。

このような、当時としては目新しく、世間に受け入れられているとは言い難いアイデアに、私はとても惹きつけられた。何にしても、常識に従っていたのでは元の将来は見えてこない。すでに普通の境遇ではなくなったのだから、普通でないことをやる方が理にかなっているというものだ。

ところが調べていくうち高いハードルの存在に気づいた。当時ドーマン法の訓練を受けるには、アメリカにあるドーマン研究所を当の子どもと両親とで訪ね、そこに何日か滞在しなければならなかったのだ。そして、たとえその条件を満たせるとしても、診察の順番がまわってくるまで何カ月も、ときには一年以上も待たなければならないという。

脳障碍の子どもに、この風変わりな訓練を受けさせたいと望む親たちが、世界中にそんなにもいるのだと知って驚いた。その人たちの子どもは、きっと元よりもずっと厳しい条件の中で生きているのだろう。親は、少しでも歩けるようになれば、話せるようになれば、と祈る思いで順番を待っているのだろう。それに比べるとダウン症の子どもは、遅くてもぎこちなくても、とにかく歩けるようにはなる。それが恵みであることにやっと気づいた。費用のことも、わが家には立ちはだかる大絶壁だったが、それより待ち時間がもったいないと思った。赤ん坊の一年は大人の十年にも匹敵するのではないだろうか。

それでもついに断念したときは気が抜けて、思わず大きなため息が出た。

ドーマン法に代わるような、日本でできる何かよい訓練法はないものかと、また本屋の棚を見てまわる日々に戻る。医療、教育のコーナーで並んでいる背表紙にサアーッと目を走らせていくと、何となく気になる一冊があった。

『キラキラ星のこどもたち』。音楽療法の話かな、と軽い気持ちで棚から抜いてみると、そのブックカバーのタイトルのわきに何と「ドーマン法」の文字があったのだ！

著者の本多正明先生は神奈川県藤沢市に診療所を開き、そこで脳障碍の子をもつ両親にパタニングなどドーマン法の訓練法を教えておられるとのこと。本棚の前で思わず神仏に手を合わせた。ドーマン博士の言葉は本当だった。

「やろうとしていることが本当に意義あることなら、困っていてもきっとどこからか助けがくるものだ」

と、そういう意味のことが著書の中に書かれていたのだ。

求ム、ボランティアさん

本多先生の診療所がある藤沢までは、電車を乗り継いで二時間ほど。アメリカへ渡ることを考えたら何という近さだろう。一回に一日をかける診療の費用は五万円。（た、高い…）と一瞬ひるんだが、渡航費、滞在費のことを思い出し、やがて納得した。それでも予約の電話を入れるときはちょっと覚悟がいった。

初回は必ず両親そろって来るようにとの指示で、夫を説き伏せ長男を祖父母に預けて、親子三人で藤沢へ向かった。夫はドーマン法を元に受けさせることにあまり乗り気ではなかった。聞いたこともないぞ、本当に信用できるのか、だいたい診療費が高すぎる、だまされるなよ、と難癖をつけることには熱心だった。

診療所内の応接室で本多先生から問診を受けるときも、夫はずいぶん熱意の感じられない受け答えをしていた。いざアウトドア、となればこの人はとても頼りになる相棒であり、お父さんであるのだが、障碍児が生まれてしまったために不得意分野が目立つようになったのは、夫にとって不運なことだった。

私は夫の様子を横目で見ながら、（パタニング要員にこの人をあてにできないとなると……）と先の算段をし始めた。そして帰りの電車の中で自分でも驚くような決心をした（よし、ボランティアさんを頼もう）。

実は私は小さい頃からひどい人見知りで、駄菓子屋さんの店先で「これ、ください」と言えず、何も買わずに帰ってくるような子だった。大人になってもまだ、八百屋さんや魚屋さんで買物するのは苦手である。ましてやバーゲンセールで奪い合いなんて、どうしたらそんなに強くなれるのか教えてもらいたいものだ。

しかしこんなことで、か弱いダウン症の子を守っていかれるのだろうか。（いや、それでは駄目だ）と私の中で何かが言った。勇気を出して人中に出ていかなくては。それができなければ元の未来はない、とささやく声に促されて、私は見知らぬ他人の手を借りるという大決心をしたのだった。

診療所でパタニングやその他の訓練のやり方を習って帰ってくると、迷いが生じないようすぐにボランティア探しにとりかかった。幸いなことに当時住んでいた大田区には、助けを必要とする人にボランティアを紹介する、ボランティアセンターという窓口があることがわかった。そこに登録してしばらくすると、二人一組のボランティアさんが三組、交代でわが家に来てくれるようになった。

その中にテレビのＣＭで誰でも知っているような、有名企業の社長夫人がいた。教会のお仲間と連れ立って来てくれていたが、もちろんご本人はそんなことを言ったりはしない。

お仲間がそっと教えてくれたのだ。世間知らずだった私は、そのことにとても感銘を受けた。自分の好きなことだけして自由に暮らせる身分だというのに、何の縁もゆかりもない私たち母子のために、時間を割いて遠くから出かけて来てくれるのだ。

他の人たちだってみな忙しい中、時間をやりくりして来てくれていた。「頼みごとは忙しい人のところへ持っていけ」とはよく言われることだが、このときその意味するところを実感した。

教会仲間のお二人のことで心に残っていることがある。子ども好きのお二人はいつも、訓練を終えたあとも元をかまっていってくれるのだが、あるとき元が満面の笑みで私の方へ這い寄ってくるのを見て、

「やっぱりお母さんが一番なのねえ」

と、ちょっと残念そうに顔を見合わせた。

「それはこの子のために毎日いろいろやってますもの」

と私が笑いながら応じたとたん、お二人の表情がさっと曇った。一緒に笑ってもらえるものと思っていた私はちょっとドキッとした。口を開いたのは社長夫人だった。

「あのね、人に何かしてあげるときは、そうしたくてしているのでしょ。見返りを期待してはいけないのよ」

それを聞いて私は自分の浅薄な言葉を恥じた。同時に、この人たちがそういう思いでボランティアをされているのだということもよくわかった。もし元が元気に育って手が離れ

るようなことがあったら、私も誰かのためにボランティアをしよう。それが恩に報いる一番いい方法に思える。でもそんなことができるようになる日が本当にくるのだろうか……。

そんなボランティアさんたちとのつかの間のふれあいが、私のそれまでの小さな世界観に少しずつ揺さぶりをかけ始めた。

私の両親は二人とも、それぞれに子どものとき、親が信じていた人に裏切られてひどい目に会うのを目の当たりにしている。そのため他人に対して不信感を抱いたまま大人になった。当然のことだろう。両親にとって、この世界は油断のならないところなのだ。そして自分たちの子ども、つまり私にもその教訓を背中で伝えた。

「簡単に人を信じるな」

と。おそらくそれが私のひどい引っ込み思案の遠因なのだろう。そうして人との間に距離を置いておけば、騙されたり傷つけられたりすることもないだろうから。

でもそのようなやり方で、私はよくても元は育たない。生き抜いていかれない。そう思ったからこそ、少々無理をしてでも他人に門戸を開いてみたのだったが、どうだろう、こうしてみると人は充分信ずるに足るではないか。

両親は思い違いをしていたのか、とようやく私は気づいた。裏切ったり、騙したりする悪意の人は確かにいる。だからといって人がみな裏切ったり騙したり、お腹の中で舌を出していたりするわけではない。人を助けたり仲良くすることに喜びを感じる、根っから善意の人だってたくさんいるのだ。こんな当たり前のことに気づくまでに、私は三四年もの歳月とダウン症の息子とを必要としたわけか！

さて、そのボランティアさんたちの助けをかりて取り組む日課というのは、ワニ歩きのパタニングを中心に、すべり台のように傾斜をつけた板の上に腹ばいにさせ、はいはいを促したり、足首をつかんで逆さにぶら下げ振り子のように揺らしたり、パイプを転《ころ》にしてその上に寝かせた体を前後に揺すったり、深い呼吸をさせるために特殊なマスクで鼻と口をおおったり、手足の指先のマッサージをしたり……と様々なメニューを組み合わせた一コースが約三十分、それを一日に三回やることになっていた。

ボランティアさんにはお昼の回を手伝ってもらい、朝は私一人でできるところだけを、夜は元の父と五歳の兄が加わって三人でやることにした。週末にはどちらかの祖父母が加わることもあった。はじめ乗り気でなかった父親も、元の喜ぶ顔を見ては考えを改めざるを得ない。元にとってはこれは訓練などではなく、みんなの注目を集められるスキンシップの時間だったのだ。

ドーマン法は決められた時間、決められた回数を厳格に守ることを要求されるのだが、いかんせん元の両親はどちらもアバウトな性格であったため、回数を守れないことはしょっちゅうだった。何を犠牲にしてでもという必死さに欠けていたのは、重度の脳障碍の子と違ってダウン症の子は、まがりなりにもいつかは歩けるようになる、という見通しを持っていたからだろう。

そんな手抜きをしていても、日々の暮らしは目のまわるような忙しさだった。赤ちゃんがいるというだけでも暮らしは普段の数倍忙しくなるが、それにプラス一日三回のパタニングと、慣れない毎日の来客である。知人がかけてきた呑気な電話にいらいらし、のどが渇けば台所に立ったままポットの白湯《さゆ》を飲んだ。その頃の夢といえば、喫茶店で一人ゆっくりおいしいコーヒーを飲みたい、というささやかなものだった。

そんなある日、新聞のテレビ欄に「ドーマン法」の文字があるのに気づき、あわててチャンネルを合わせた。元と同じ訓練を受けているのは競馬界では有名な福永洋一騎手。レース中に落馬して以来、動くことも話すこともできない植物状態になってしまったという。画面の福永夫人はまだ若く美しい人だった。その彼女が夫を何とか甦らせようとアメリカにあるドーマン研究所の門を叩いたのだ。

番組は彼女の日々の闘いを映像で伝えていた。何しろ相手は大人の男性である。パタニングをはじめすべての訓練にかかる労力が桁違いだ。それを見たら元のパタニングなど文字通り赤子の手をひねるようなものだと思えた。とくに印象に残ったのは、夫人が無理を押して久々の同窓会に出席したときの様子と、そのあとで語った言葉だ。映像では楽しい時を過ごしているように見えたが、彼女はカメラを相手につぶやいた。

「何だか私だけみんなと違う世界に生きているような気がして……」

会話に心から入っていけなかったというのだ。

私はテレビの前で深くうなずいた。

人類の直立

なぜそんなにも大変で、元への効果のほども定かではないドーマン法に取り組むことにしたのかと聞かれれば、答えは「何もしないでいることなどできなかったから」と言うにつきる。どんどん発達の遅れていくわが子を、手をこまねいて見ているなど恐ろしくてできない。何でもいいから、とにかく手を尽くしているのだ、という実感が欲しかった。だから大変なら大変なだけよかったのだ。お百度参りをしていたようなものかもしれない。

ドーマン法を始めたのは元の首もようやくすわり、寝返りができていたかどうかという時期だったが、訓練を続けるうちに、はいはいができるようになり、やがて高ばいへと移行していった。別にドーマン法をやらなくても、寝返りや、はいはいをするようにはなったと思うが、この高ばいだけは訓練の成果と思われた。

ひざをついてする普通のはいはいと違って、高ばいは手のひらと足のうらを床につけて進むので、クマのように腰が高くなる。この姿勢で元は驚くようなスピードで家の中を這い回り、外へ連れ出すときは、まるで犬の散歩をさせているような按配になった。

上の子は普通のはいはいしかしなかったので、元の赤ん坊とは思えない野性的な動きに私は目をまるくした。ご近所の人たちは、さらにいっそう目をむいていた。

何カ月もそうやって子犬のように動き回り、やがてとうとう立ち上がる日が来た。

その頃わが家の就寝スタイルは、部屋中に家族全員のふとんをしきつめ、その上で一日の仕上げのパタニングなど、一連の訓練をしてから順次風呂に入り、あとはめいめい絵本を読んだり、たたみものをしたり、音楽を聴いたりしてのんびり過ごすのが常だった。

ある夜、ふとんの上で二人の息子たちを両脇に絵本を開いていると、何を思ったか元がやおら高ばいの姿勢をとった。進みだすのかと思ったら、そのまま支えにしていた両手をふとんから離し、ゆっくりと上体を起こし始めたのだ。みんなが呆気にとられぽかんと口を開けている前で、元の体が「く」の字になり、両手をあげて「I」の字になった、と思った瞬間、どすんと音をたてて尻もちをついてしまった。でもそのときの元の得意そうな顔！　そして家族のうれしい驚きといったら！

考えてみれば長男のときにだって、その決定的瞬間は当然あったはずだ。しかし私はそれがいつどこで、どんなふうに起こったのかまったく覚えていない。その頃の私にとって、赤ちゃんが立って歩くようになるのはごく当たり前のことで、それが感動を呼ぶ奇跡のような出来事だなんて思いもしなかったのだ。

命に内蔵されているプログラム。それが自動的に発動していくことの不思議。そんなことに気づけるようになったのも、元がゆっくりゆっくりスローモーションで成長の過程を見せてくれたからこそだ。

　こうして、はるか離れた時点から昔を振り返って気づいたことがある。当時は少しでも丈夫に、少しでも賢く、少しでも普通らしく、といつもいつも先を見て現状には満足できず、つんのめるような気持ちで暮らしていたけれど、そのときどきの一生懸命な暮らしそのものの中に、幸福も充実もあったのだなあ、と。いつか幸せが来るように、と祈る足もとにも、よく見れば幸せは転がっていたなんて、まるでメーテル・リンクの『青い鳥』そのままではないか。


　ドーマン法を始めて一年数カ月。元がイグアナのように、そして子犬のように、内といわず外といわず這い回るようになり、立とうとする意欲も見せるようになると、毎日の訓練から私の気持ちが少しずつ離れはじめた。高ばいで歩くこと自体がパタニングの替りになっているように思えたし、それに体重の増えてきた元を、私の手でぶら下げたり振り回したりすることが、だんだん大変になってきていたのだ。

　重度の脳障碍児の場合、そう簡単に自力で這ったり立ったりするようにはならないので、大きくなった子どもを支えるために、様々な装置やら補助具やらが必要となってくる。元の様子を見るかぎり、そういった大がかりな装置を使ってまで、訓練をつづける必要があるとは感じられなかった。

　しかし、訓練をすっかり止めてしまうことには不安もあったので、パタニングに似ていなくもない水泳をやらせたらどうかと思いついた。このアイデアは本多先生にも受け入れられ、さっそくスイミングスクール探しが始まった。

電車を乗り継いで三十分位のところに、０歳からのベビースイミングのクラスがあるのを見つけ、もう赤ちゃんではないのですが……、と事情を話して受け入れてもらえることになった。このとき元は二歳半だったが、０歳と一歳の赤ちゃんたちに混じっても違和感がないほど、体が小さく発達も遅れていた。

赤ちゃんを初めてプールの水に沈めるときは、どのお母さんも少し不安そうだ。でもやってみると赤ちゃんたちは少しも驚いたり嫌がったりせず、何事もないかのように水の中でぱっちりと目を開けていた。うれしいことに元も、他の赤ちゃんたちと同じように、目を開けてすましていたのだ。水中の元の楽しそうな顔見たさに、水が大の苦手の私も思い切って頭を水に沈め、目を見開いてこわばった笑顔を元に向けた。本当に、子どもというのはどこまで親に勇気をふるうことを要求してくるのだろう。

ダウン症に限らず障碍のある子を育てていく中で、親の勇気がいちばん試されるのは、普通とは違う外見やふるまいのわが子を人前に出していくときだろう。同じ年頃の健常の子どもたちがいる場面ではなおさらのこと。まわりの子と比べて、体つきもやることも明らかに劣っていることを見せつけられながら、その子の親として逃げずにそこに居つづけるとき、ただ座っているだけで、大量のエネルギーが消費されていくのを感じる。

でも、そうして初めて親は強くなっていくことができるし、子どもは、自分もみんなと同じように親に愛されているのだと感じ、安心するだろう。安心できて初めて、子どもは自分の持てる力を存分に発揮できるようになる。どんな最新式の治療や教育を受けさせても、それだけで豊かで幸せな人生を保証したことにはならないのだ。

とはいえ、当時の私にはまだまだ精神的余裕がなく、元がようやく歩けるようになると、こんどは知育のことが気になりだした。ドーマン法には身体の訓練の他に、知育プログラムも用意されていたのだ。

知育プログラムもまたユニークなもので、知識を少しずつ積み重ねていく学校式とは対照的に、大量の情報を一度に、主に視覚を通して与えていく。学校教育では、論理を司る左脳向けにプログラムが組まれているが、ドーマン法では、空間把握の得意な右脳向けになっているのだ。

知的障碍というのは大抵の場合、左脳的能力に問題があることを指すようなので、ひょっとして元の右脳は健在なのかもしれない、これはやってみる価値がある、と思った。

ところがところが、肝心の元が、その教材用の文字カードや数カードなどに、いっこう興味を示さないのだ。教材といっても心をこめた私の手作りだったのだが、どこがまずかったのか、どうにも元をこちらの土俵に引っ張りこむことができなかった。

そういえば、上の子が大好きだった絵本やお絵描きやブロック遊びにも、元は夢中になることがなかった。普通の子の場合でも、絵を描くのが好きな子とそうでない子、本をよく読む子と全然読まない子といった個性の違いはあるものだから、元の無関心が知的障碍のためなのか、それとも単にそういう個性なのか、ちょっと判断がつきかねた。

しかし今になってふり返ると、元は学校時代を通して、机に向かってお勉強という場面が好きではなかった。無理強いされると体を張って抵抗していた。同じダウン症でも勉強家タイプの子もちゃんといたから、やはり元はもともと勉学で名を成すというタイプではなかったのだろう。

ひよこの時代

三歳になった元《げん》はダウン症児の集団保育の場『ひよこ教室』へ通いはじめた。

この頃には、すでにドーマン法から離れていて、水泳をさせていることだけが私の心の拠《よりどころ》になっていた。しかしスイミングクラブの元気な子どもたちとは、元は友達になることができない。三歳や四歳の子があきれるほど達者なおしゃべりをするのを聞いていると、ストレスがたまった。元はまだほとんどしゃべらないのだ。そんな元の友達は一体どこにいるのだろう。

親の会の会報で知った『ひよこ教室』は、ダウン症の子を育てた先輩お母さんたちによって運営されている心強いサークルで、幼稚園入園前のダウン症の幼児が仲間といっしょに遊ぶことのできる貴重な場だ。また、子どもたちが友達と遊ぶことと同じくらいに重要視されていたのは、同じ悩みや不安を抱えるお母さん同士が知り合い、互いに励まし合えるようになることだった。

『ひよこ教室』に子どもを連れてくるまで、それぞれのお母さんたちは家庭や地域の中で孤立感を抱え、心細い思いで子育てをしていたという。もちろん私もその一人だった。元のためや家族のためにあれこれとやることがあり、忙しく動き回ってはいたものの、その体を動かしているエネルギーは「空元気《から》」とでもいうべきものだった。

どんなに運動をさせ、知育を施そうとしていても、そのことにどれだけの効果があるのか、あるとしても、それでこの子はどんなふうになっていくのか、その具体的なイメージがつかめない。とくにいいイメージが描けないのだ。何しろ私の目の前で素敵に成長していった障碍児などいなかったのだから。

二十年前には、新聞にもテレビにも幸せそうな障碍者の姿などなかったし、逆に芳しくない話はまわりにいくらでもあった。こんな状況でわが子の将来に夢を描けるはずもない。この子は科学者になるかしら、音楽家、それともバレリーナ？　あれこれ夢見て、手をかけお金をかける普通の子育てとはまったく違う。まわりを見回しても、そんな空《むな》しい子育てをしているのは私ばかりのようだった。それが『ひよこ教室』で初めて同じ思いの仲間たちに出会ったのだ。

『ひよこ教室』には、三歳から五歳くらいまでのダウン症の子どもたちと、そのお母さんたちが集まっていた。出会ったその日から、まるで昔からの知り合いのように話せる人たちだった。世間の人たちと話すときのように、いちいち子どもの障碍について説明やら言い訳やらしなくてもいいし、何も言わなくてもこれまでの悲しいこと、辛いことをみんなわかってもらえている気がした。敵陣で味方の小隊に出会ったような気分だ。とりあえずほっと一息である。

お母さんたちは、それぞれ東京のいろいろな地区から電車やバスに乗ってやって来ていた。隣の県から来ている人もいた。それで子どもを預けてもみな家には戻らず、会場に借りていた教会の小さな台所で、子どもたちのお昼を作りながらお帰りの時間を待つことになっていた。私は給食おばさんになったのだ。

人生とは皮肉なものだ。何が苦手といって、寄り合いで料理を作らされることほど避けて通りたいことはなかった。私は人づき合いだけでなく、料理にも自信がなかったのだ。何しろ義理の母という人が料理人の娘だったのである。

しかし、教会の裏の小さな台所でわいわいおしゃべりしながら大量の料理を作るうち、それもけっこう楽しい作業だと思えるようになった。何といっても、取り繕う必要のない仲間たちに囲まれていたのだから。

そこで気づいたことは、一口に料理といっても野菜の切り方から煮方、焼き方、味付け、後始末まで、まったく人それぞれ千差万別で、それぞれ自分流のやり方が一番と思っているのだということだった。なあんだ、そんなことでいいのか。料理に関して私は少し自信を回復した。

お母さんたちは、みなこの教室で初めて母子分離を体験している。つい立ての向こうから泣き声が聞こえてくると、料理の手をとめてこっそりのぞきにいく人もいた。でも仲間にいさめられなぐさめられて、だんだんに泣いているわが子を人に託しておけるようになったのだ。

託されている方の先生は交代で常時四、五人ほど。ほとんど全員がすでに大きくなったダウン症の子を持つお母さんで、なおかつ教育に深い関心を寄せてきた人たちだ。大きくなったとはいえ、まだまだ自分の子どもも心配だろうに……と、不思議な気もした。

さらに、自分の小さな子たちには何の障碍もないのに、この収益のあがらない教室を切り盛りしてくれる先生もいた。何ということだろう。どうして人はそんな行動がとれるのだろう。元と暮らし始めるまで、私はそういう立派な人たちとは書物の中でしか出会ったことがなかった。

「この世界は競争だ。ぼやぼやしてたら取り分がなくなるぞ！」

そういって脅す人には出会った。

「余計なことをするな、分を守れ」

という意見も聞いた。でも今、元と私のまわりにいる人たちはまた別の考えを持っているようだ。世界の見方は人それぞれ千差万別で、それぞれ自分の考えが一番もっともだと思っているのだ、料理作りと同じように。だったら一番好みに合うものを「これが私の」と選んだっていいわけだ。

でもその前に、私好みの世界観とはどういうものなのか、よく考えてみなくては。

『ひよこ教室』にいた十人ほどのダウン症の子どもたちは、兄弟姉妹のようによく似ていた。でも出会って日が経つと、やはりそれぞれ両親によく似ているのだということがわかっってくる。元も私によく似ているそうだが、昔はそういわれるとちょっと複雑な気分がしたものだ。

一口にダウン症といっても、好きなおもちゃを真っ先に取りに行く機敏な子や、部屋の隅でじっとしている子、絵本の好きな子や、乗り物が大好きな子、怒りんぼもいれば泣き虫もいる、といった具合に個性豊かで、他のどんな子どものグループでも起きるような出来事、ちょっとしたいさかいなどが、このダウン症児のグループでもやはり起きていた。

一方、他のグループではお目にかかれそうもない、ダウン症ならではの独特の行動もあった。

それは空き地を借りて開かれた小さな運動会での出来事だった。プログラムにはお遊戯や玉入れの他に、運動会らしくかけっこも組み込まれていた。小さな空き地のふちに沿ってカーヴを描いた二十メートル位のコースが用意され、そのスタートラインに四人のひよこたちが並んだ。元は外側から二番目だ。

「ヨーイ、ドン!」の合図で走り出すところまでは、練習してきたらしくうまくいった。それからみんなでよちよちといった感じで走っていったが、ほとんど横一直線だ。ひとりの子が少し前へ出ていった、と思ったとたん後ろのグループのひとりがドタッと倒れてしまった。いったん転ぶとそう機敏には起き上がれない。横並びで走っていた元と、もうひとりは足をとめ、転んだ子を気づかって集まってきた。先に行っていた子も後ろの様子に気づくと、くるりと向きを変えて、みんなのところへ戻ってきてしまった。見物席は笑いと「行け行け！」のかけ声で大賑わいである。

ひとりの子が倒れている子の手を引っぱって起き上がらせ、もうひとりが服についた泥をパンパンとはらってあげ、大丈夫そうな様子を確かめると、再びみんなで団子状になって走り出した。私はその間、声援することも忘れ口を開けたままその光景を眺めていた。「あーあ、あれじゃかけっこにならないねえ」と誰かが言うのが聞こえてきた。確かにかけっこにはなっていない。そのレースに一位二位という順位がついたのかどうかも覚えていない。けれど、その「かけっこ」はその日一番の素晴らしい演目だったと、私は今でも思っている。

居場所はどこに……

『ひよこ教室』にいる間、私たちは普通の親たちと同じようにわが子とよその子を比べ、出来ること出来ないことに一喜一憂していた。多少何かがよく出来るといったって所詮どんぐりの背くらべで、一歩外の世界に出れば決定的に「出来ない」グループに押し込まれるに決まっている現実を、つかの間忘れようとしていたのだろうか。

あっという間に、もう幼稚園のことを考える時期がやってきていた。『ひよこ教室』の卒業式が近づくにつれ、親たちは挨拶がわりに言うようになった。

「ここにいるうちが花よね」

「ずっとここにいられたらいいのにね」

でも私はそうは思わなかった。『ひよこ教室』は元も大好きな楽しいところだったし、私にとっても安息の場だったが、それでもここに同じ顔ぶれで、この先、五年も十年も残り続けることが、子どもたちの幸せであるはずがないと思えた。

ダウン症児だけの幼稚園などというものはなかったから、幼稚園に進めば何かと嫌な思いをするかもしれない。でも、もしかしたらいいことだって起きるかもしれないのだ。どちらにしても元には新しい体験をさせる必要があると思っていた。

川の水だって流れていないと澱んで濁ってしまう。未知の出来事にぶつかっては、それに取り組み、乗り越えていく、というのが子どもが育っていくときのプロセスだろう。ダウン症だろうが何症だろうが、子どもはみんなそうやって成長していくはずだ。

ひよこのお母さんたちは、いつも給食を作りながら、よくしゃべりよく笑い楽しそうにしていたが、話題が子どもの将来のことに及ぶと、とたんにトーンが落ち眉間にはしわがよった。

「学校にいけるうちはいいけど、そのあとはどこにもいくところがないのよね」

誰かが言うとみんな暗い顔でうなずきあう。

「この子たちに出来る仕事なんてないものねえ」

「福祉作業所や入所施設だってなかなか空きがないっていうし……」

「家であの子と顔をつきあわせて一日中過ごすのかしら……」

「一日中どころか、一生かも……」

いったん話が悲観的な方向へ流れだすと、あとはもんどりうって滝つぼまで落下だ。ものごとを悪い方へ悪い方へと考えるのはどうも私の好みではない。

「そんなことないんじゃない？」

と、つい口をはさんでしまった。

「そりゃあ会社勤めや公務員は難しいとしても、べつにみんなと同じような働き方をしようと思わなければ……」

「じゃ、一体どんな仕事があるっていうの？」

「えーっと、それは……」

あまり深くは考えていなかった私はちょっと言葉につまり、その場しのぎの思いつきを並べたてた。

「たとえばミュージシャンとか。ほら、まーくんは太鼓が上手だし。ともちゃんは踊りが好きだからダンサーなんかいいかも。あ、みんなで旅回りの一座なんてどうかしら」

言いながらなかなかいいアイデアだと思ったが、そう思ったのは私ひとりだったようで、みんなの表情はあきらかに（聞くだけ無駄だった）と言っていた。

では、みんなは一体どんな仕事だったらよかったのだろう。


幼稚園探しの第一歩、まずは家の近所から。

歩いて通える範囲に二つの幼稚園があって、その一つは元の兄も通ったところなのだが、当時の経験から運動会の練習がなかなか大変であることがわかっていた。開会式の入場のとき、子どもたちの鼓笛隊が一糸乱れぬ隊列を組んで行進する様は、なかなかの見もので見物の親たちを喜ばせていた。が、そこにいたるまでの毎日のハードトレーニングに、元が素直に従うとは思えなかった。

赤ちゃん時代から幼児期にかけて、元はダウン症にしてはまあ活発に動き回る子だったが、人から強制されることが大嫌いで、「～しなさい」などと命令口調で言われようものなら、ヘソをまげて、てこでも動かなくなった。そんなふうに抵抗して固まっているときに無理に動かそうとすると、全身に力をみなぎらせて手足をつっぱり、また振り回すので、その手が相手の顔にパンチをくらわせてしまうこともたびたびだった。

元の暴れ方に尋常でないものを感じ不安になった私は、力ずくで押さえ込む作戦に出た。レスリングである。幼児と大人の勝負であるから勝敗は端《はな》から決まっているようなものの、私はいつも大苦戦した。この頃の度重なるタイトルマッチに連戦連敗した元は、以後私をボスと認めて一目置くようになった。しかしそんな地位はあまりうれしくない。私は優しいお母さんでありたかったのに……。

ところが父親のやり方は正反対で、まったくたしなめることをしない。元が父親のあぐらの中に抱かれているとき、わけもなく暴れだして父のあごを何度も蹴り上げたことがあった。私は驚いたが父親は別段動じるふうもなく、「まあまあ」と私を制して、元のなすがままにさせていた。私は元の行動も心配だったが、元の父親である夫のことも不安になってきた（この人、大人物なんだろうか、それともただの父親失格なんだろうか）。

しかし彼は元から「優しいお父さん」という評価を得ていたようなのだ。むむ……。

こういうときの元は元気というより乱暴者である。この時期、私が一番気をつけていたのは、誰かが知らずに元の乱暴者モードのスイッチを押してしまわないか、ということだった。私自身は鼓笛隊は大好きなのだが、みんなに合わせての一斉行動を要求されるところに元の居場所はないと思った。

もうひとつの幼稚園も、これまたどういうわけか、ポスターに立派な鼓笛隊の衣装を着た子どもの写真を載せていた。きちんとした躾をしていますよ、と視覚的にアピールするには、鼓笛隊がうってつけということなのだろうか。

そうなると探す範囲を少し広げる必要がある。ひよこ教室でお母さんたちがさかんに情報交換していたことが幸いした。「また聞きだけど」という前置きつきで、大田区に障碍児と健常児の統合保育をしている、評判のいい幼稚園があることを教えてもらった。

大田区からはもうひと組の母子も通ってきていたので、そのお母さんと私は、渡されたメモにある、ルーテル教会大岡山幼稚園というところをさっそく訪ねてみることにした。

ぐりとぐらの幼稚園

大岡山の駅に降り立つと、目の前に東京工業大学の斬新な校舎がそびえている。日本の将来をになう優秀な科学技術者のたまごであろう学生たちが、広く開いた正門から次々構内に入っていく。私はその正門近くまで寄っていき、それから気をとり直して、障碍児を受け入れてくれるという幼稚園の見学に向かった。

もうひとりのお母さんとは日程が合わず、別行動をとることになっていた。別々の日に見た印象をつきあわせれば、情報の正確度も増すというものだ。

大岡山の駅から十分も歩かないうちに、静かな住宅地に建つ小さな教会を見つけた。裏手にまわると、そこが小さな庭を持つこぢんまりした幼稚園になっていた。

その園は小さく可愛らしく、絵本にでてくる幼稚園のようだと思った。それはきっと、庭で遊んでいた子どもたちや先生のスモックが、いかにも手作りらしく色も形もとりどりで、明るく軽やかだったせいだろう。園内を案内してくださる園長先生の、穏やかで優しい話しぶりにもほっとしたが、何より園舎に入ってみて、そのユニークな間取りと内装に心を奪われてしまった。

狭い敷地のせいもあるのだろうが、よく見かけるような、テラスに沿って横一列に四角い部屋が並ぶ造りではなく、不規則に配置された四つの部屋は、ひとつひとつが形も広さも異なっている。一階の板張りのホールからは、幅の広い大きな木の階段がゆったりと左に曲がって二階へと続き、昇り切ったところは、大きな窓から陽の射し込む広々としたプレイルームになっていた。

内装には新建材を使っておらず、優しい木肌のぬくもりが建物全体に満ちている。ところどころに小さな額や、可愛らしい小物が飾ってあるのも好ましく、どこか懐かしく、ああ『ぐりとぐら』の世界だ、と思い当たった。

広い階段の中ほどに、ひとりの女の子が腰掛けて絵本を読んでいたが、園長先生はたしなめるでもなく、優しい笑顔を向けながらその子の横を通り過ぎた。

「階段が危ないことは教えますが、どうすれば危険でどうすれば安全かは、体験しながら学ぶのが一番ですからね」

と園長先生は私に説明してくれた。私もその女の子を見て、危ないとはまったく思わなかった。それだけ幅も奥行もゆったりとして、傾斜もゆるやかな階段なのだ。危ないからといって、何でもかんでも禁止してしまう、近頃の学校や幼稚園のやり方に疑問を感じていた私は（こんな幼稚園で私も遊んでみたかったな……）と心でつぶやいた。

大岡山幼稚園に元を入れようとその日のうちに決め、ひよこ教室の先生に報告すると、

「どんなところが良かったの」

と訊かれた。

「ええ、何かこう、建物といい、全体の雰囲気といい……」

などと、要領を得ないことを言いはじめると、

「ああ、渡辺さんの例のフィーリングね」

と笑われてしまった。

そう言われれば、私はいつも大事なことをフィーリングで決めている。フィーリングと呼ばれる感覚は、非常に多様で複雑な情報群を、ボールのようにギュッとひとまとめにして、一瞬で私に投げ与えてくれるかのようだ。フィーリングの内容や意味を他の人にうまく伝えるのは難しいのだが、自分自身にとっては間違いなく重要な情報だとわかる。やはり、ここぞ、というときは理屈よりもフィーリングである。

ところで面白いことに、私にそんなにも感銘を与えた幼稚園が、別の日に訪れたお母さんには、それほどの印象を与えなかったようなのだ。彼女の目には、そこはあまりにも狭くごちゃごちゃとして、優美さと統一感に欠けると映ったらしい。おまけに案内してくれた園長先生の話し方や歩き方が、せかせかしていて落ち着かなかったというのだ。あのおっとりした園長先生の笑顔を思い浮かべた私は耳を疑った。

結局、二人は別々の先生に案内されたのだということがわかったが、本当にひとりひとりの体験は千差万別、オリジナルなものなのだ、と改めて感じさせられた出来事だった。

その彼女の息子カズ君は、生まれつき心臓に欠陥があったため赤ちゃんのときに手術を受けている。そのためか、透き通るような色白で表情も動作も物静かで優しく、高貴な生まれかと思わせるような男の子だった。そんなカズ君のためにお母さんが選んだ幼稚園は、『天使』という名前で、先生方はカトリックのシスターだと聞いて、(なるほど……)と、私は妙に納得した。

ダウン症の子の子育てが、他の知的障碍の子の場合と大きく異なるのは、まず生まれてすぐに診断名を告げられることだろう。外見からして他の子とは違うし、染色体異常かどうかの検査は一カ月で結果が出る。「もしかしたら……」と悩むより早く、「あなたのお子さんは知的障碍児です」と宣告されてしまうのだ。

出産という、本来一家に喜びをもたらすはずの出来事が一気に暗転するのだから、ショックで母乳が出なくなる人もいるし、うつ状態が続いて子育てに気持ちが向かなくなる人もいる。生まれたばかりの赤ちゃんは、お母さんから愛情とお乳をたっぷりもらってこそ、すくすくと育っていかれるのに、肝心のお母さんがいつもめそめそ暗い顔をしていたのでは、赤ちゃんとしてはたまったものではないだろう。

そういう私も、ベビーベッドの中で眠っている赤ん坊の、黄色い吹き出物とかさぶたで埋まった、とても可愛いとは言い難い顔を見つめては、暗澹たる気分で日々を過ごしたものだ。

赤ちゃんと過ごす一年間は、毎日毎日がかけがえのない特別な一日だ。通り過ぎてしまってからそのことに気づく。あの短い一年だけでも、やり直せたらどんなにいいだろう。ふにゃふにゃの元をそっと抱き上げ、笑顔を陽の光のようにそそぎかけ、楽しい歌をうたって聞かせよう。そして「なんて可愛い子！」とギュッと抱きしめ、キスの雨を降らせよう。もしやり直せるものなら……。

ダウン症の赤ちゃんのもうひとつの特徴は、免疫力が弱く病気にかかりやすいことだ。元も三歳までの間にありとあらゆる感染症にかかり、小児科、眼科、耳鼻科、皮膚科、外科と、かわりばんこに通っていた。それでも元は恵まれているほうで、心臓や頚椎に異常が見つかった赤ちゃんは、さらに何倍も苦しく辛い治療を受けなければならない。

ダウン症は正確にはダウン症候群といって、様々な合併症があるのが特徴だ。とくに心臓や頚椎といった、生命にかかわる器官に異常をもって生まれる確率が高い。

ちなみにダウンとは、この症候群を最初に定義づけたドクターの名である。ワイズ博士とか、トルーマン博士だったらよかったのにと、ちらと思ったりもするが。

筋力がとても弱いこともいろいろな困難のもとになる。全身に力が入らないので母乳もなかなかうまく飲めないし、首の座りも遅い。お座りも、はいはいも出来るようになるのに時間がかかる。私などこれで歩けるようになるのかとひどく心配したくらいだ。

そして、こんなにあちこち具合が悪い障碍なんて最悪だ、まだ目が見えないとか、耳が聞こえないとかいう単独の障碍のほうがましだ……などと、今思えば恥ずかしくて身の縮むような傲慢な考えを抱いたこともあった。

しかし、そんなひどい状態はそう長くは続かなかった。三歳を過ぎると、元は急に健康になりはじめ風邪ひとつひかなくなったのだ。あんな中途半端な手抜きドーマン法とそれに続く水泳で、皮膚も内臓もきたえられたのだろうか。筋肉も、もうぶよぶよではなかった。二二歳のぽてっとした現在の体形からは想像しにくいが、幼児期の元はなかなかスマートだったのだ。それに顔だって可愛らしく思えるようになっていたのだから、まったくもって親バカちゃんりんである。

ともあれ、いよいよ幼稚園だ。ぬくぬくと守られてきたひよこたちが、いろいろな子どもたちのいる世の中へと船出していくのだ。

凪《なぎ》の日々

大岡山幼稚園に通うようになって、元と私はダウン症以外の障碍をもつ子どもたちと知り合いになった。総勢百人の園児たちの中には、約一割の知的障碍の子たちが混じっていて、主にダウン症と自閉症、それに比較的軽い行動障碍のある子どもたちだった。

先生の話によると、すぐどこかへいってしまう自閉症の男の子のことを元は気にかけていて、よく手をひいて連れ戻してくるということだった。また、男の子の方でも元には素直に従っているらしかった。ダウン症の子と自閉症の子は相性がいいようだ、とそのとき初めて耳にした。

幼稚園に通いながら、私は元と自分の将来に少し明るい陽が射してきたかのように感じていた。ひよこ教室で得られた安心感は、同じ境遇の仲間たちに囲まれ、大変な思いをしているのは私ひとりではないのだ、と感じられるところからきていた。ところがこの幼稚園では障碍のある子はまったくの少数派だ。

ほとんどの子が頭にも体にも悪いところはなく、活発にのびのびと遊んでいる。そんな中に元も先生に連れられて入っていき、ごく自然に仲間にしてもらっているのだ。ふつうに育っていく子どもたちの、強いエネルギーの渦に巻き込まれ、もまれるうちに、元も子どもらしくたくましく育つのでは……と、今までにない期待まで芽生えはじめた。

在園中、私の見る限りでは、元が強情ぶりを発揮して先生をてこずらせることはあっても、他の子たちから元が不愉快な思いをさせられることは一度もなかったと思う。元だけでなく親の私も、ただの一度も嫌な思いなどしなかった。ひよこ教室を巣立つとき、あんなに気負ったのがちょっと滑稽なくらいである。

けれど、ひよこ仲間の誰もが同じように幸運だったわけではないことも、風の便りに伝わってきた。人の体験は千差万別、これがダウン症児の幼稚園生活だ、などと言えるはずもないし、ましてや「ダウン症者の平均的人生」などというものは実在しない。私はただ私の人生を体験し、ダウン症をもつ元の人生を観察しているだけだ。

幼稚園児の母としての暮らしは全般に満足のいくものだった。送り迎えの際に障碍児をもたないお母さんたちと立ち話をしたり、ときにはお茶に誘ってもらったりもした。家に戻らず、そのまま近くの家のホームパーティにお邪魔して、お茶とお菓子で楽しくおしゃべりしながらお帰りの時間を待ったこともある。そんなとき、自分の子に障碍があることは何のハンディにもならなかった。

今思うと、当時まわりにいたお母さんたちは、やはり特別に障碍者やマイノリティに対する意識の高い人たちだったことがわかる。自分の子をわざわざ選んで障碍児と一緒の幼稚園に入れるくらいだったのだから。私は心の中でいつも、そんなお母さんたちに感謝し、同時に自分自身を反省もした。もし元がまったくの健常児だったなら、私はその元を障碍児の多くいる幼稚園に入れようとしただろうか。障碍児のお母さんに自分から声をかけてお茶に誘ったりしただろうか。何とも自信がない。

元が予想外に元気になり、しかもまだまだ遊んでいるだけでよかった幼稚園時代は、私にとって子育てを素直に楽しめた貴重な一時期だった。

大きな生地屋さんへいって、スモックや手さげを作るための生地をあれこれ物色したり、押入れからミシンを引っぱり出して縫い物をしたり、刺繍やアップリケをほどこしたりと、いかにも母親らしい手仕事に心を込めることが、当時はこの上ない喜びだった。

教会の付属幼稚園だけあって、イースターやハロウィーンやクリスマスなどの行事は華やいで楽しかったし、そのうえ七夕やらお月見やら、ひなまつりといった日本古来のお祭りもあったから、子どもたちはまるで絵本の中に住んでいるかのような楽しい日々を過ごしていた。その中に水色のスモックの元も交じっていることが夢のようだった。

母親たちの出番は秋のバザーで、ここぞと張り切ってケーキやクッキーを焼き、また縫い物や編物や工芸品を出品する。バザー委員たちは何回もミーティングを重ね、当日は売り子や厨房係りになって大忙しだ。私はそんな日々がとても好きだった。何だか女学生時代に返ったような気分だったのだ。

しかし、やがて障碍児のお母さんたちの口から、あのおなじみのセリフが聞かれるようになる。

「幼稚園のうちが花よね」

「学校にいったらこうはいかないものね」

「ずっとここにいられたらいいのにね」

さて、次はどうしたものだろう。

いよいよ就学時検診だ！

小学校に上がるとき選択肢は三つ考えられた。養護学校、普通校の心障学級（心身障碍児学級）、普通校の普通学級である。

幼稚園でせっかく普通の子たちに交じって遊んでいたのに、また障碍児だけの世界に戻るのは不自然な感じがする。まず養護学校は、はずすことにした。

一番近くにある小学校には、幸か不幸か心障学級がなかった。遠くにある心障学級に通うとなると、近所の子たちとなじみがなくなってしまう。それは、ひよこ教室、大岡山幼稚園と、四十分から一時間以上もの時間をかけて友だちに会いに通っていた間にも、気がかりなことではあった。近所に同じ年頃の子がいるのに、まったく関係がつくれていなかったのだ。

これから六年間を過ごす小学校では、友だちとの関係づくりが元の成長にとって欠かせない要素になると思われた。勉強にとてもついていけないことは最初からわかっていたが、普通に元気に育っていく子どもたちの中でもまれるのも、また大事な学びなのではないだろうか。

家から三分の道塚小学校には元の兄が通っていた。元が入学するとき兄は六年生に進級する。兄にはいい遊び仲間がいた。きっと彼らが元を守ってくれるだろう。

よし、元を道塚小の普通級に入れよう。方針はこれで決まった。


学齢に達した子どものもとへは就学時検診の通知が送られてくる。長男宛てにその知らせがきたときは、ああ、いよいよ学校に行くんだな、よくここまで大きくなったものだ、という感慨と、これからの成長を思ってわくわくする期待感とを味わったものだ。

しかし、元にその通知が届いたときは事情が違った。

障碍児をもつ親たちの間で代々申し送られている「就学時検診の意味」とは、「普通校が普通でない子をはじき出すための選別の場」だというのだ。漫然と臨んだら必ず養護学校か心障学級にまわされてしまうから、もし普通級に通わせたいのなら不退転の覚悟で、と先輩お母さんからアドバイスを受けた。

「えっ、そうだったの!」

私は愕然とした。

それまで本や噂で、普通級に通っている障碍児の話を何度か見聞きしていたので、親が望みさえすれば、少なくとも低学年のうちは普通級に受け入れてもらえるものと思い込んでいたのだ。目と鼻の先にある道塚小学校がすっと遠のいていくような感覚に襲われた。

しかし、ともかく道塚小での検診に元は該当者として招かれているのだ。行くだけは行ってみよう。……いやいやそんな弱気でどうする、行って受け入れてもらえるよう校長先生に直々に頼み込むのだ。

検診当日、元に付き添ってたくさんの母子とともに列に並びながら、私の心は不安でいっぱいだった。あたりをどんなに見回しても、ダウン症の子も自閉症らしき子もひとりも見当たらない。元以外全員が健常の子という大集団にまぎれこんだのは、これが始めてのことだった。でも怖気づいてなんかいられない。どうにかして、元がここにこんなにたくさんいる地域の子どもたちと遊べるようにしていかなくては。

元の名前が呼ばれて、係りの女の子が元ひとりを別室につれていった。どんなテストを受けるのだろうか。立ち上がって廊下を行ったり来たりしたい気持ちをぐっと抑え、小さな椅子に座って元を待った。

元は案外機嫌のいい顔で戻ってきた。初めての状況設定にしては珍しいことだ。六年生の女の子たちが誘導係りをしてくれているせいだろうか。次は、いよいよ親子で校長先生との面談だ。

校長先生は大黒さまをずっと若くしたような人で、私は以前から遠目ながらも好感をもっていた。元に向けてくれる優しい笑顔に勇気づけられた私は、ここぞとばかり元のこと、ダウン症のこと、そしてどうしても地域の子どもたちと一緒に過させたいと思っていること、などを一心に訴えた。どんな協力でもしますから、この子を道塚小に入れて下さい、と。

校長先生は話を聞きながら何度もうなづき、最後に優しい口調で言った。

「そうですね。お子さんは大丈夫だと思いますよ。でも一度教育委員会の方で面談を受けていただくことになるでしょう。そういう手続きになっていますのでね」

公立校は校長の私物ではない。だから入学許可を一存で出すわけにはいかないのだということを、そのときの私は考えもつかなかった。ただただ校長先生の表情や声音が好意的だったというだけで、やったあ、受け入れてもらえる！　と勝手に喜んでいたのだ。

問題は教育委員会の面談だった。

その実態がどんなものなのか私にはわからなかったが、相思相愛の二人を引き裂く、悪代官のような役回りではないかと想像した。そんなものすっぽかしてしまいたいところだが、ここは校長先生の顔を立てて、おとなしく面談に出向くことにした。

窮鼠猫を噛む

さて指定の日、電車で一駅の隣町にある教育会館へと私はひとりで出かけた。

その日は朝から緊張していた。先輩お母さんから、教育委員会というのは「障碍児は養護学校か心障学級へいくのが妥当である」と考えているところだ、と聞かされていたからだ。真偽のほどはわからないが、そうだとしても決して説得されまい、就学児検診で言ったことをここでも繰り返すだけだ、と堅く心に決めていた。

教育会館に入ると面接室に向かう前に洗面所へいき、鏡に映る自分の姿と表情をチェックした。隙を見せない臨戦態勢に入ったのだ。

時間どおりにドアをノックして面接室に入ると、窓を背にして机の向こうに髪の薄い小柄な男性がひとりで座っていた。この人が教育委員なのだろうか。くすんだ色の上着にぼんやりした柄のネクタイをしめ、とても子どもが大好きとは見えない。子ども好きの人に特有の覇気がみられないのだ。きっとデスクワークが専門なのだろう。元《げん》を連れてこなくてよかった。

机の上にむこう向きに広げられた書類にたくさんの質問事項が並んでいるのが見える。

面接員は、その書類に目を落としながら抑揚の乏しい声で私に質問を始めた。

「お子さんは渡辺はじめさんですね」

「渡辺げんです」

出だしからむっとさせられる。

「元さんはひとりで衣服の着脱ができますか」

「はい」

「ひとりで食事ができますか」

「はい」

「ひとりでトイレにいけますか」

「はい」

「ひとりで朝起きられますか」

「はい」

「ひとりで……」

これまでにも、いろいろな場面で何回となく繰り返されてきた紋切り型の質問を、ごく事務的に浴びせられているうち、私の中にぽっと小さな口火が点《とも》った。

「そういったことはみな就学時検診のとき、学校側に伝えてあります」

私はきっぱりと質問をさえぎって言った。

「質問をどれだけ並べたって、六年間、毎日そばで見ている親以上に子どものことがわかるはずはありません。名前も初めて見る子どものことを、たった一時間の面談で判断して、その進路をあなたが決めるというのですか。子どものこれからにとって重要な選択を、どうしてあなたが親に代わってできるというのですか」

面接員は書類から目をあげ初めて私をまともに見た。

「私は元を道塚小学校に入れたいと思っています。校長先生も受け入れてくださるとおっしゃっています。そうである以上どこに問題があるでしょうか。さきほどのような質問を重ねて受けることには意味がないと思いますので、これで失礼させていただきます」

そう言うと私は席を立ち丁寧に一礼して、あっけにとられている相手を残して部屋を出た。入室からわずか五、六分。カッカッカッと靴音も高く廊下を行き、角を曲がって先ほどの洗面所に飛び込んだ。

洗面台に両手をつき、鏡の中で怖い顔をしている自分を見て、はあーっと長い息をついた。とたんに膝ががくがくと震え出した。張りつめていた緊張の糸が一気にゆるんだのだ。鏡の中の自分に笑顔をつくらせ、その笑顔に向かって「V」サインをした。駄菓子屋の店先で何も買えず手ぶらで帰った子としては、大そうな成長ぶりではないか。

まあしかし今振り返ると、薄氷を踏むような危なっかしい行動ではあった。何しろ本当は面談に元本人を連れていかねばならなかったのに、私は当日わざと元を幼稚園に行かせていたのだ。平日の午前中に子どもを連れて来るように、という無神経さも腹立たしかったし、質問に答えられない元の様子がマイナス要因になると考えたからでもあった。

以前、ひよこのお母さん仲間がこんなことを言っていたのを思い出す。

「障碍児のお母さんにはちょっとおかしい人が多い、って教育や福祉関係者の間では言われているらしいのよ」

「えーっ、ひどーい、そんなー」

みんな大いに憤慨したものだ。

「そりゃ、中にはおかしい人だっているかもしれないけど、私たちごく普通よねえ」

「そうよ、いい人のところにも、ヘンな人のところにも、分けへだてなく障碍児は生まれてくるのよ。まったく偏見もはなはだしいわ！」

だが省みれば、鼻息荒くひとりの教育関係者に背をむけてきた自分の行動は、相手から見ればまさしく「ちょっとおかしいお母さん」であろう。なるほど、そういうことだったのか、と苦笑するほかない。まあいい、元に望ましい環境を用意するためなら、これからも扱いにくいヘンなお母さんをやっていこう。

強気の作戦が功を奏したのか、はたまた裏の事情があったのか、ともかく元はめでたく道塚小学校に入学を許可されたのだった。

終わりよければすべてよし、と。

合併症をめぐって

めでたい話の裏で悲しい話もある。

ひよこ教室でいっしょに育ってきたカズ君、あの『天使』という幼稚園に通っていたカズ君が突然亡くなった。食べ物をのどに詰まらせて窒息したというのだ。

ダウン症の子どもの口腔は、歯が正常に生え揃う余地がないほど狭いが、その先の食道まで細かったのだろうか。それとも繊細なカズ君は飲み下《くだ》す力が弱かったのだろうか。そのときそばにいたというお母さんの気持ちを思うと、かける言葉もなかった。

お葬式でひさしぶりに対面した棺の中のカズ君は、相変わらず色白で優し気で、その顔に苦悶のあとが少しも残らず、静かに眠っているように見えたのが、せめてものなぐさめだった。

「短い人生だったけれど、あの子は私たち夫婦に本当にたくさんのプレゼントを与えてくれたのよ」

カズ君のお母さんが葬儀のあとで静かに言った。参列した私たちひよこ時代の仲間たちは、その言葉をそれぞれの体験に照らして、心からうなずきあった。

本当の天使に戻ったカズ君、まだまだこの世界に宿題を残している元や仲間たちを、どうか高いところから見守っていてくださいね。


ダウン症児の身体について真っ先に心配なのは、心臓や頚椎に異常があるかもしれないという点だ。元の場合、出生時の検診では心臓はまあ大丈夫そうだが、頚椎の方はまだ未発達なので、もう少し大きくなってから精密検査を受けるように、と言われていた。

その後、すでに心臓の手術を受けていたり、首にコルセットを巻いたりしているダウン症の子どもたちと出会うようになり、さすがに心配になって区内にある療育施設の検査室で診てもらうことにした。

レントゲンや心電図をとってもらい、廊下の椅子でしばらく待っていると、技師が検査の結果を知らせにきた。ドキドキしながら言葉を待っている私に、技師はレントゲン写真と心電図のデータを指し示しながら、

「今回はとくに問題は見つかりません」

と、願っていたとおりの結果を口にした。

「よかった…」

思わず笑顔になった私に、技師は無造作に言葉を続けた。

「でも、これで無罪放免というわけではありませんから」

「え？」

無罪放免などという、この場にふさわしくない言葉にたじろいでいると、

「体が小さすぎて、まだはっきりしたことは言えないということです。これから異常が出てくる可能性も大いにあるので、定期的な検査が必要でしょう。学校にいくようになったらまた来てください」

技師は、レントゲン写真の小さな白い影をトントンとつつきながら言った。その思いやりのかけらも感じられない言い方に、私は心配になるより腹が立った。

これが医療従事者の言葉だろうか。これではまるで「あなたの子どもはそのうち首がおかしくな〜る、おかしくな〜る」と暗示にかけているようなものではないか。生まれたばかりのお姫さまに、大きくなったら糸車にふれて眠ったままになるだろう、と呪いをかけた意地悪な魔女のようだ、と私は思った。

心の中で技師の呪いにお祓いをし、二度とその検査室には足を運ばなかった。

それで心臓や頚椎のことは心配にならなかったかというと、まあ心臓は大丈夫だろうと思っていた。元は活発に動いても、顔色が悪くなることも、息切れすることもなかったし、とにかく二度の検査で異常は見つかっていないのだ。

そういえば心臓を診てもらったときも医師からこう言われた。

「今のところは異常は見つかりません」

よく考えるとこれは「いつかは異常が見つかるでしょう」と言っているのと同じだ。医

師たちは何かを怖れて予防線を張っているかのようだ。「怖れ」の伝染力はインフルエンザ並みに強い。うつされないよう気をつけよう。

頚椎の方は少し心配だった。学校にいくようになるとマット運動など首に負担がかかる運動も増えてきそうだ。でも、か弱い頚椎を守るために一切の運動から遠ざけ、安全な室内遊びだけで過ごさせようとはさらさら考えなかった。

すでにドーマン法のパタニングの際、頭を支えて首を左右にひねるという強制運動をさんざんやってきている。頚椎が要注意であることをその頃知っていたら、おそらく怖くて出来なかっただろう。毒喰わば皿まで。ここまできたら、このまま首の筋肉を鍛えて、頚椎のずれを防ぐ方向に持っていくことにしよう。

夜になると、敷きつめたふとんの上で私は元にでんぐり返しのやり方を教えた。内心ハラハラヒヤヒヤしたが、まだ体が小さく柔らかかった元はでんぐり返しが気に入ったようで、兄といっしょにごろんごろん転がっては面白そうに笑っていた。

ピッカピカの仲間たち

四月から元が通うようになった道塚小学校は、全校生徒数約千人という区内でも指折りの大規模校だ。大岡山幼稚園の園児たちは総勢百人ほどだったから、仲間がいっきに十倍に増えたわけだ。

元のクラス一年二組は四十名。教室はコの字型校舎の東棟一階で、窓の外にはコンクリート製のテラスがあり、その向こうに満開の桜が並んでいた。

担任の伊藤先生は五十代後半とおぼしきベテランの女性教師で、教室で顔合わせした先生と生徒たちの様子は、若いおばあちゃんと孫たちといった感じでほほえましかった。

入学式の日には、教室の後ろに着飾ったお母さんたちがずらっと並んでいたが、翌日になると、普段着のお母さんがひとりだけ壁際の椅子に座っていた。

「渡辺元くんのお母さんです」と先生が教室の子どもたちに紹介してくれた。

新一年生がクラスに慣れるまでしばらくの間、元に付き添ってほしい、と伊藤先生から頼まれて、私は二つ返事で引き受けていた。新入生たちといっしょに学校生活が送れるなんて、めったにないチャンスではないか。

最初のうちは授業もなく、みんなでぞろぞろ先生のあとについて、職員室や校長室、医務室や調理室などを見て回る校内探検で午前中を過ごした。そのツアーの間に私は好奇心旺盛な子どもたちの質問攻めにあった。

「ねえ、どうしておばちゃんは元ちゃんについて学校にくるの？　ぼくのお母さんはおうちで待ってるよ」

「そうだよ、元ちゃんは甘ったれだよ」

「おばちゃん、元ちゃんを甘やかしてるんでしょう！」

と、なかなか手厳しい。

「あのね、元はみんなのようにまだおしゃべりもできないし、先生のおっしゃることもよくわからないからとても心細いの。だから慣れるまでいっしょにいるのよ」

「どうしておしゃべりできないの？」

「そういう生まれつきなの」

「まあ病気みたいなものね」

「病気なの？」

「いつ治るの？」

「治らないのよ」

「えっ治らないの！　それじゃ元ちゃんかわいそうじゃん」

「治らないのかぁ……じゃ、おばちゃんずーっと元ちゃんについて来なくっちゃあ！」

「おばちゃん、大変だねえ」

「あたしたちが手伝ってあげるよ」

「うん、手伝ってあげるから大丈夫だよ。おばちゃん、もうついてこなくてもいいよ」

子どもたちは当然のことながら、少し変わっている元と大分変わっているおばちゃんに興味津津で、なんの屈託もなく疑問をぶつけてくる。その質問に何とか誠実に答えようとすれば、彼らも何とか理解しようと歩み寄ってくれるのだ。そうやって子どもたちは、私の中にうっすらとした恐れとしてあった「障碍のある子はいじめられる」という先入観が誤りであることを教えてくれた。

ピヨピヨとひよこが鳴いているようなにぎやかなやりとりを、元はクラスメイトの輪に交じって他人事のような顔をして聞いていた。子どもたちと直に話すことで、早いうちから元のことを少しはわかってもらうことができてよかった、と思う反面、やはり親子が同じ教室にいるという不自然な状況は、他の子どもたちのためにも、なるべく早く解消しなければと思うようになった。

伊藤先生にどのように切り出そうか、と考えはじめたある朝、

「お母さんは今日からお家に帰ってくださって結構ですよ。もうみんなクラスに慣れて落ち着いてきましたから。元くんの様子も大分わかってきましたしね」

と先生のほうからうれしいお達しが出た。入学式から一カ月余りが過ぎていた。

「これからは送り迎えだけお願いします」

と言われたときは、家から三分ですし、通いなれた道ですからひとりで大丈夫です、と口まで出かかった言葉を思い直して呑み込んだ。私は大丈夫と思うけれど、先生にしてみれば元をひとりで帰すのはとても心配なのだろう。通学路には交差点も一カ所あることだし。

元の担任を引き受けようと決心されたときから、先生はきっとあれこれのトラブルを想定して対策も考えておられたのだろう。障碍のある子を送り出す親だけでなく、受け入れる先生の側にも勇気は必要だったに違いない。そう思ったとき、こちらの希望ばかりを主張することがためらわれたのだ。

今は担任の先生との間に信頼関係を築くことの方を優先しよう。

そう考えて譲歩したことが結果的によかったのだろう、きっかけがどんなふうだったかも思い出せないほど、自然に元はひとりで通学できるようになっていった。

いかに折り合いをつけるか

時間割という概念に元はなかなか馴染めなかった。

授業中静かに座っていることはできるのだが、休み時間にいったん教室を出てしまうと、チャイムの合図で教室に戻るということができない。先生の話によれば、廊下でうろうろしているのを見つけて席につくよう促したところ、それをきっかけに態度を硬化させ、廊下に長々と寝そべってしまったそうだ。そうなるともう手を引っぱって起こそうとしても、足をつかんでひきずろうとしても、体中に力を入れてつっぱり、教室の入り口の柱につかまって踏んばり、先生もお手上げの状態だったという。

思案顔の先生から相談されて思わず身が縮んだ。ひよこ教室でも幼稚園でも、ときどき指示に従わず動かなくなる場面は見られたが、それほど派手なパフォーマンスをすることはなかったのだ。やはり集団の人数が多くなった分、自己主張も大技にする必要を感じたのだろうか。

先生に対しては恐縮してお詫びをしたが、元と七年間暮らしてきた私には元の気持ちがよくわかった。元は決して集団に属することが嫌なのではない。元に限らずダウン症の人たちは基本的に人と仲良くしていたいのだ。しかし残念なことに、ものごとの理解が遅く反応が鈍いので、まわりの人とペースが合わない。だから元はいつも何をしたらいいのか、どこへいけばいいのか、ひとり戸惑いの中にいるのだ。

けれども、元はそこから何とか脱出する道を見つけようとする。まわりの様子をじっと観察して全体像が見えてくるのを待つのだ。全体像が見えて初めてその中での自分の位置もわかってくる。それからやっとこさ動き出す。

そんなのんびりペースを私たちは待っていられない。「早くしなさい！」がこの世界の合言葉なのだ。チャイムが鳴ったら早く教室に入りなさい。ひとり残らず入りなさい。そんなことわかりきっているでしょう？　いや、元にはわからない。すぐにはわからない。でもそのうちにわかってくる。待っていてくれさえすれば。

私は伊藤先生にお願いした。

「元が廊下にいても無理に教室に入れようとしないでください。元は決して教室に入りたくないわけではありません。ただ自分で、入ろう、と思ってから入りたいのです。もしそっとしておいてもらえれば、まわりの状況をよく観察して、チャイムが鳴ったらみんなと一緒に教室に入るのがいいらしい、と自分で気づくようになります。そうしたら誰に言われなくても自分から教室に入るようになりますから」

私の言い分は単なる希望的観測ではなく、これまでスイミングスクールやひよこ教室や、幼稚園といった新しい環境と出会うたび、頑固な元がどうやってその場に馴染んでいったのかという長年の観察にもとづく確信だった。

私の説明を先生はすぐに了解してくれた。そして、

「ひとつ不思議に思っていることがありましてね」

と話し出された。

「元君がどんなに暴れたり泣いたりしても、クラスのみんなが元君のことを嫌いになる様子がないのです。廊下で顔を真っ赤にして寝そべっている元君のことを、子どもたちは授業中もちらちらと気にしていて、休み時間になるとすぐに元君に声をかけにいくんですよ。それは私が元君に優しくしなさいと言ったからではないのです。思うに、子どもたちも学校の規則に従って行動することにまだ慣れなくて、ずい分無理している面もあるのでしょう。だから元君の抵抗に内心共感しているのかもしれません。元君はみんなの代わりに泣いたり暴れたりしてくれているようなものなんでしょうね」

伊藤先生の話を聞いて、ああこの先生が元の担任でよかった、と私はほっと胸をなでおろした。

入学後初めての保護者会。もちろん障碍児の親は私ひとりだ。しかしそのことに気後れは感じていなかった。大岡山幼稚園時代に、障碍児のいない、よそのお母さんを信頼しても大丈夫だと学んでいたからだ。

自己紹介の最後に私はこんなことを言った。

「クラスのビリはうちの子が引き受けますから、どうぞみなさん安心してください」

みんながどっと笑って場の空気がなごんだ。

思ったとおり、ほとんどのお母さんはそれからずっと元と私に好意的に接しつづけてくれたのだった。

勉強の面では元は、やはりクラスの仲間についていくことはできなかった。そのことは初めからわかっていたので、入学前から近所の公文式の教室に通わせることにし、そこでもらってくるプリントを授業中にやらせてもらえるよう伊藤先生に頼み込んだ。そうすれば、少なくとも授業中みんなと同じように、鉛筆を持って何か書いていることはできるわけだ。

当時私は、元の学力を伸ばすことにそれほど熱心ではなかった。普通級に入れるより養護学校や心障学級で特別なカリキュラムの授業を受けさせた方が、読み書きの能力は向上したかもしれない。また「ことばの教室」という特別なクラスが区内の別の学校に設置されていて、希望すればそこに週一、二回通うこともできたのだが、ようやく慣れて仲良しもできはじめた今のクラスから、ひとりだけよそへ連れ出すのも気が進まなかった。

それに発音の矯正ということだったら、まず元は素直には従わない。よほど魅力的な先生にでも当たらない限り、逆効果になるおそれが大きかった。

現場を見もしないで言うのもどうかと思うが、正直なところ見に行こうという気も起こらなかったのだ。

天才アイちゃん

いわゆる障碍児教育に私が心を閉ざしていたのには訳がある。

元に少しでもいい教育を早い時期から与えたいと情報を集めていたときに、ある講演会のことを知った。テーマは『ダウン症児の早期教育について』といったようなもので、大学の先生が研究成果を発表するとのことだった。私はすぐに予約を入れ、都心の大きな会場で開かれるその講演会に出かけていった。

いかにも大学の先生といった感じの、背の高い知的な男性が講演をし、そのあと彼が取り組んできたダウン症児への早期教育の成果を発表するという段取りになっていた。

やがて舞台に、よそいきの服を着た三歳くらいの可愛らしい女の子が、拍手に迎えられて登場した。ダウン症である。この子は講師の教え子だということで、それからいくつかの小道具を前に、先生と女の子の問答が始まった。

「Mちゃん、これは何色？」

「黄色」

「じゃ、これは何色かな?」

「青」

「Mちゃん、この黄色いのと、こっちの青いのと、どっちが大きい?」

「こっち」(と、青いのを指す)

その女の子は態度がはきはきとして利発そうだった。そのころ元はまだほんの赤ちゃんだったので、三歳のダウン症の子がどれくらいの認識力をもつものか、私にはまだよくわかっていなかった。今思えば、そのときに交わされたたくさんの問答は、たしかに先生が自慢するに足る成果だったことがわかる。

けれどもそのとき、スーツにネクタイの長身の先生と、お洒落した小さな女の子とを見比べ、満足そうに拍手する壇上の関係者たちの様子を見て、私はなんだか嫌な気持ちになった。もちろんダウン症の女の子が賢く元気そうなのは喜ばしいことだ。元もあんなふうに育ってくれれば、とも思う。それなのに、この嫌な感じはどこからくるのだろうか。

当時はまだ、人間の言葉を理解する天才チンパンジー、アイちゃんのことは報じられていなかった。ずっと後になってテレビでアイちゃんと研究者の姿を見たとき、あの日、舞台の上にいた二人の姿がふっとよぎった。

アイちゃんは、それまでチンパンジーには不可能と思われていた課題を次々とクリアする天才ぶりを発揮し、研究者は大満足だ。でもアイちゃんはあれでいいのだろうか。人工的な環境で飼育され教育を受け、「天才アイちゃん」とほめそやされることは、アイちゃんにとってどんな意味があるのだろうか。

その日、釈然としない心を抱えて講演会場を後にし、駅へ向かう人の列に加わって歩いていたとき、後ろから母親が子どもを叱る、とがった声が飛んできた。

「何であんたはそんなこともわかんないのよ！　あの子はあんなによく出来るっていうのに！」

そのとげとげした声にハッとし思わず歩くスピードを落とすと、私の横を母親とその娘らしい五、六歳の女の子が足早に追い抜いていった。女の子はダウン症だった。

怒りにまかせてズンズン歩いていくお母さんの後を、女の子は黙って一生懸命追いかけていく。その子の心中を思うと胸のつぶれる思いだ。しかし、そのお母さんの怒りと悲しみもまた私にはよくわかるのだった。

どうしてこんなことになってしまうのだろう。先生はダウン症の子どもの理解力が少しでも増すようにと研究し実践し、生徒はそれに応えてよく学び賢くなり、それでこんなにうまくいきました、と成果を発表すると、皮肉なことにそれで辛い思いをする子が出る。

私なりに考えたのは、「頭がいいこと」に最高の価値があるという無意識の、みなの思い込みに原因があるのではないか、ということだ。「頭のよさ」にこそ価値があるならダウン症の子に未来はない。どんなに特別な教育を受けて、一番頭のいいダウン症児になれたとしても、一般の子どもの学力とは比較にならないだろう。

「ほら、こんなに頭がよくなりました」と言えば言うほど、その言葉が「知的障碍があってはいけない」、「ダウン症ではいけない」、「そのままでは人間として価値がない」と言っているように聞こえてしまうのは、私のひがみなのだろうか。

「頭の良さ」に対するこだわりをまず自分から捨てていかねば、とそのとき漠然とながら思った。そんなこだわりをもっている間は、知的障碍のある子を心から受け入れるのは難しいだろう。

人の価値は「頭のよさ」以外にもいろいろある。「明るさ」や「素直さ」や「誠実さ」「共感する心」「やり抜く力」にだって立派な価値がある。そんなことは頭ではとっくにわかっていたはずだったが、結局は他人事でしかなかった。

よその子なら、明るく素直な頑張り屋であればそれで充分「いい子」である。しかし自分の子だけは頭もよくなければならないなんて、インチキもはなはだしいではないか。

そんないきさつがあったあと私は、元には学力より、障碍とともに生き抜いていける力を身につけさせよう、と考えるようになったのだった。

みんなと違う子

元を普通級に入れて一番よかったことは、障碍児だからといって他の子たちにいじめられるとは限らないのだと実感できたことだ。それに障碍児の親だってごく普通の世間の中で生きられるのだということも。

私は自分が小学生のとき、近所にいた小児麻痺の男の子が他の子どもたちにうとまれ、いじめられるのを目の当たりにしてきた。その子は隣町にある特別な小学校まで電車で通っていたが、近所の子たちは道を通りかかるその子の傾いた頭、曲がった手首、ぎくしゃくした歩き方をばかにしてはやしたてた。

その子は友だちもなく、たいていひとりで遊んでいたが、たまに私の家に遊びにくることがあった。その子の妹と私が大の仲良しだったからだ。

彼はいつも妹のいないときを狙ってやってきて縁先に立つと、座敷で絵を描いている私に、もつれる舌も気にせず大きな声で歌をうたって聞かせてくれた。それはラジオから流れてくるような大人びた流行歌で、春日八郎、三橋美智也、村田英雄、美空ひばり、とレパートリーも豊富だった。「死んだはずだよ、お富さん〜」と彼の十八番を私も覚えていっしょに歌った。

みんなに相手にされないその子を私は気の毒に思っていた。だからいっしょに歌ったのだが、それは楽しい遊びというより、罪ほろぼしのようなものだった。（本当は他の子と遊びたい）と思っている自分にも気づいていたからだ。

子どもたちだけでなく、大人たちもその小児麻痺の子に親切ではなかった。彼が立ち入れるのは庭先までで、妹と同じように家の中へ招じられることは決してなかった。彼が入ろうとした駄菓子屋や貸本屋などの店先から、シッシッと犬のように追われるのを私は何度か目撃している。

その子の働き者のお母さんはいつも誰にでも腰が低く、小さな私にまで「いつも遊んでくれてありがとうね」とお菓子を握らせながら何度もお礼を言うのだった。世間に対して後ろめたい思いで遠慮しながら生きているかのようだった。

元の小学校入学より三十年以上も昔の話である。

わが家は幸い通学路のすぐ近くにあったものだから、下校してきた元の後から、ランドセルを背負ったままの子どもたちがわいわいと勝手口に顔を出し、

「おばちゃん！　元ちゃん今日ねえ……」

と口々に報告をしてくれたものだ。

低学年の頃、放課後のわが家は遊びにくる子どもたちで、さながら託児所のようだった。元がみんなといっしょに遊べるのはテレビゲームぐらいのものだったので、ついつい私はテレビゲームに甘くなった。子どもたちはそこを狙って来ていたふしもある。

それでも何でも、テレビの前に扇形に座ってピコピコやっている元と仲間たちの楽しそうな様子は、私をちょっと幸せな気分にさせてくれた。みんなでおやつを食べられるように、台所にはいつも大袋のお菓子を欠かさなかった。

しかし三、四年生にもなると、子どもたちは身体がぐんぐん大きくなり、行動半径もどんどん拡がっていって、元との差は広がる一方だ。男の子たちが自転車で走り回るようになると、もう元はついていかれなくなった。それでもみんなは元のことをどこかでいつも気にかけていてくれ、外で会えば「元ちゃん！」と気軽に声をかけてくれた。元の兄が最新のゲーム機を手に入れたときは、どこからか嗅ぎつけてしばらくまた大勢が集まるといったこともあった。

小学校の六年間を通じて、遠足や見学などの行事のたびに、私は学校側からの要請を受けて付き添いとして参加していた。そのことについて「そんなことする必要ないのに。学校にかけあって付添い人をつけてもらうようにすればよかったのに」と言われたことがある。そう言われてみればその方が後々のため、後輩のためによかったような気もするが、当時はそんなことを思いもつかなかった。もし思いついたとしてもそれを実現するのはそう簡単なことではなかったろう。

何より、昔学校の先生に憧れたこともある私は（遠足？　それは面白そう）と楽しみに待つ気になってしまったのだ。実際、大勢の子どもたちと隊列を組んであちこちを訪ねていき、外でわいわいお弁当を広げるのは、ふつうの大人がめったにできない面白い体験だったと思う。

五年生になると元の様子に変化があらわれた。毎年楽しく参加していた運動会の練習に身が入らなくなったのだ。徒競走にせよ、ダンスにせよ、最初からまわりの子との差は歴然だったが、そのことに本人が気づくようになったのだろう。普通級に通わせられるのは小学校中学年まで、という意見を見聞きしたこともあり、そろそろ潮時かな、とひそかに考え始めた。

それでも元は毎朝文句もいわず登校を続けていた。運動会の練習になると仲間から抜けて校庭をぶらぶらしたり、校長室や主事さんの部屋に逃れたりして時間をやり過ごしていたようだ。卒業間近になって校長先生から「元君がよく遊びにきてくれてねえ」と、初めて明かされ、私はびっくり仰天したのだが。

私だったらそんな状況では学校に行きたくなくなったと思うのだが、やはり学校には、それでも元にとって楽しいことがいろいろあったに違いない。

仮によその心障学級に移るとしても、新しい学校やクラスになじむまで、またひと悶着あることは必至である。そしてやっと慣れたと思う頃にはもう小学校も卒業の時期だ。そんなことならこのまま道塚小で卒業までを過ごす方がいい、と私は判断した。

六年生の運動会は私にとって少々辛い一日となった。元は白い運動着こそ着ていたが、いっさいの競技に参加せず、ただ指定の席にじっと座って動かなかったのだ。午後になると退屈になったのか席を離れ、見物の人の輪の外へ出てうさぎ小屋をのぞいたりしていた。私は本部テントのあたりにいて、来賓にお茶を出したりしながら努めて明るく振舞っていた。このごろ、元からいきいきした表情が少しずつ失われてきているように感じた。

私の判断は誤りだったのだろうか。

父親

ここまでの話の中で、父親の元への関わり方についてあまり語られていないことを不自然に思った人もいるかもしれない。また別に変だと思わなかった人もいるだろう。

私が二人の息子の子育てをしていた十五年から二十年ほど前には、幼稚園や学校でお父さんの姿を見かけることはまれだった。何かの集まりの折に「お父さんは？」と聞かれて「うちは母子家庭同然だから……」と冗談めかして答えたことがある。すると何人もが「あら、うちもよ」「ほんとにパパは当てにならないものねえ」と調子を合わせたものだ。バブル期の日本はそこいら中、擬似母子家庭だらけだったようだ。

元の父親はカメラマンという働き場所が一定しない職業のため、しょっちゅう家を空けていた。上の子が生まれた日にも他県に泊りがけの撮影に行っていて、次の日、慌てて子どもの顔を見に帰ってくるというふうだった。といっても彼は決して子どもに無関心だったわけではなく、むしろ子煩悩といってもいいくらい二人の息子を可愛がっていた。

けれども特に元の育て方について、私と彼の意見は対立するようになっていった。

父親の考えは、特別な訓練などしなくてもいい、手足に障碍があるわけではないのだからそのうち立って歩くだろう、知育も同様、というものだった。その意見を振りきって始めたドーマン法だったが、休みの日には彼も手伝ってくれていた。しかし彼の休みの日はそんなにはない。私はひとりで何もかも背負い込んだような気がしていた。

脳の発達についての専門家であるドーマン博士が考案したプログラムも、素人目には、ただの身体の運動としか映らない。こんなことをするより頭を直接触った方がいいんじゃないのか、と言って彼はよく元の後頭部をなでていた。その気持ちは私にもよくわかった。小さいとき元の頭はとても扁平で、横顔がないといってもいいほどだったのだ。脳の容量が足りないことは一目瞭然である。

その他にも気になったのは、いつも口を少し開けて分厚い舌先をのぞかせていること、そしてその口から絶え間なく「ウーウー」といううなり声を発していることだった。扁平で小さい頭、口から舌とよだれを出していること、ウーウーうなること、この三つが組み合わさると、どこから見ても重度の知的障碍児だ。これらの点を何とか改善したいというのは私たち両親がともに願っていたことだった。

大好きな散歩の時間は別として、家にいるときの元は、こちらから働きかけない限り自分からは何もしようとせず、ただ座ってウーウーうなっているだけなのだ。その無気力な姿を見ているのは辛く、元に何かすることを与えなければ、と私はいつも気が急いていた。

その「すること」がドーマン法に代わる水泳であり、ひよこ教室であり、公文の教室通いだったのだが、父親の方は、私が見つけてくるいろいろな療法や教育法にいつも懐疑的で、まあ気が済むならやってみれば、という距離を置いた態度だった。内心は、そんなことをやって何が変わるものか、と思っていたのだろう。いつのまにか元を訓練し叱るのは私の役目、甘やかして楽しませるのは彼の役目と、分担が決まってしまった。

だから父親は元のためにいいことをたくさんしている。夏休みには海へ山へと連れ出し、自然の中でキャンプする楽しさを教えてくれた。海水浴のときに元を沖へ誘うなんて私には絶対真似できないことだ。それで元が溺れかかったことはともかくとして……。

それにカメラマンという職業を生かして、二人の息子のポートレートをたくさん撮っていた。とくに元はお父さんに写真を撮ってもらうのが大好きで、本当にうれしそうないい表情で写っていた。

こうして振り返ってみると、彼はなかなかいい父親だったようにも思えてくる。あの頃あんなにいらいらさせられたことが不思議に思えるほどだ。十余年の月日が思い出を美化したのだろうか。

長年いっしょに暮らしていれば気持ちのすれ違うこともある。そんなことはどこの夫婦にも起こることだし、波風を乗り越えながら、さらに強い絆を育てていくのが結婚生活だったはずだ。だから、何とかして逆風に向かって進もうと甲斐のない努力を続けた。

しかし、彼にはひとつ許し難い欠点があった。それは結婚の誓いを軽んじること、つまり外の女性に目が向いてしまうことだった。職業柄、彼のまわりにはモデルやスタイリスト、編集者、デザイナーなど、働く魅力的な女性たちがひっきりなしに現れたのである。
まあ私が男だったとしても、目を吊り上げて子どもの世話に明け暮れる、化粧気のない妻の待つ家にはあまり帰りたくないかもしれない。そしてそんなとき、優しく美しい女性が好意を寄せてくれたとしたら……。

実際、彼はそういう女性に出会い、その人とともに新しい人生に飛び込むという決断をしたのだった。息子たちが中学三年と小学四年のときのことだ。

残された母子三人の暮らしは、いっそうサバイバルの度合いを増した。難破した船から投げ出され、救命ブイにつかまって波間を漂っているようなものだ。

生活のため私はパートタイムで働き始めた。仕事、家事、子どもの世話で毎日がめまぐるしく過ぎ去っていく。余計なことを考える暇もない。忙しいことがありがたかった。

時間の助けを借りて、やがて私は去っていった人のことを許せるようになった。結局のところ私たち二人は、結婚や子育てという大事業に力を合わせるには、まだ精神が幼なすぎたのだ。結婚生活の中で起こることは、いつも二人の共同責任である。どちらか片方だけが悪いなんてことはないのだ。そのことも少しずつ少しずつ理解できるようになった。

それでも、あんなに可愛がっていた二人の息子たちを置き去りにしたことを、時が経てば経つほど彼は悔やむようになるだろう。子どもたちのことで楽しいことやうれしいことがあるたび、遠く離れて暮らす二人の父親のことを少し気の毒に思う。

分かれ道

またまた次の進路を考える時期がやってきた。

選択肢は今回は二つ。養護学校の中等部か普通中学の心障学級である。

さすがに普通級は考慮に入れなかった。クラスメイトの成長ぶりを目の当たりにすれば、これ以上いっしょに学ばせるのは酷だとわかる。その事実が私を深く傷つけていた。普通の子たちといっしょに、とあんなに無理を押してきたのは何のためだったのだろう。

結局、障碍児は障碍児のために用意された特別の環境の中でしか生きていかれないのだろうか。深い迷いの中に落ち込んでしまった私は、教育委員会が開く出張進路相談室を訪ねることにした。他に相談できる人もいなかったのだ。

今回、私は小学校入学時のように鼻息荒く身構えてはいなかった。普通級に入れたことが、果たして元にとって最善の選択だったのかどうかも確信が持てなくなっていた。

相談員が年配の穏やかな話しぶりの女性だったこともあって、私は自分の迷いを率直に打ち明けた。

六年間、普通級で頑張ったことを彼女は評価してくれた上で、

「一足飛びに養護学校を考えなくてもいいのではないかしら。せっかく健常のお子さんたちとの交流があったのですからね。でも中学の普通級は受験向けの勉強になっていきますから、やはり心障学級の方がいいと思いますよ」

と、心障学級のある三つの中学校の名を挙げた。続けて、

「このうち一校は、その取り組みの内容や姿勢が高い評価を受けています。私は立場上、それがどの学校かお教えするわけにはいかないので、どうぞご自分の目で確かめてきてください。見学なさるときは、先生の話よりも生徒たちの様子に注目なさるといいですよ」

と、学校を選ぶ基準を親切に教えてくれたのだった。

この相談員は親身になって考えてくれていたと思う。しかし評判のいい学校の名を親に教えてはいけないことになっている、というのは一体どうしたことだろう。お上の考えることはいつも私の意表をつく。

とはいえ、この相談で心障学級といってもいろいろで、よりよい環境を選ぶこともできるのだとわかり心底ほっとした。障碍児だけの環境に放り込まれたら、もう守りに徹して進歩など望めないような気がしていたのだ。それは単なる思い込みではなく、実際そんな雰囲気の心障学級を見たことがあったからだ。

少し元気がでてきた私は、さっそく学校回りを開始した。どれがその学校なのかは現場にいけば間違えようもなくわかった。子どもたちの表情が抜群に明るかったのだ。

担任の四人の先生たちも活気に溢れた魅力的な人たちばかりだった。驚いたことにその内の一人は、別の中学校で元の兄の担任をされていた先生だったのである。〈ここだ！元の中学校は〉と、それまでの迷いや悩みが霧が晴れるようにすうっと引いていくのを感じた。

元の進学先が蓮沼中学校に決まったことを道塚小に戻って担任の先生に伝えると、その話はまたたく間に子どもたちの間に伝わった。

「おばちゃん、元ちゃん別の中学にいくんだって？」

「なんで？　みんなといっしょの中学にいこうよ」

「そうだよ、みんなといっしょの方が絶対楽しいよ」

思いがけない言葉を、口々にかけてくれるクラスメイトたちに、

「ありがとう、ありがとう」

と返しながら、不覚にも言葉に詰まった。それ以上何か言うと涙になりそうだった。

ああ、やっぱり元を普通級で過ごさせたことは間違っていなかったんだ、とようやく自責の念から解き放たれ、うれしさと子どもたちへの感謝の気持ちでいっぱいになった。

中学生は子どもじゃない

蓮沼中学校の入学式は満開の桜に迎えられ、華やかに厳かに始まった。

その晴れの入学式で、さっそく元は得意のレジスタンスぶりを披露した。「起立」の号令に従わず、硬い表情でたったひとり椅子に座り続けたのだ。新しい環境になじむまでは決して人からの指示に従わない子だったことを、久しぶりに思い知らされた。それでも小学校のときのように床に寝そべったりしなかったのは、折り目もピシッと決まった真新しい制服を着込んでいたからだろうか。

中学に進むとそれまでのようにTシャツと半ズボンというわけにはいかず、学校指定の制服を着なくてはならない。こんな窮屈なもの、元がおとなしく着るだろうか、という心配はまったくの杞憂であった。ワッペンのついた紺のブレザーに細かい千鳥格子のズボンという、ちょっとお洒落なその制服を、元はどうやら気に入ったらしかった。

期待と不安を胸に迎えた中学校生活だったが、入学式を皮切りに波乱に満ちたものとなっていった。学級は二クラス、一年から三年まで全体で約二十人の生徒に四人の先生で、よく目が行き届く分、元の勝手な行動は小学校時代のように黙認されなくなったのだ。

男女二人ずつの四人の先生は、ちょうどお母さん、お父さん、お姉さん、お兄さんのような役割を果たしていたが、その中の体育会系屈強なお兄さん先生と、元はよく取っ組み合いをしていたらしい。

元が指示に従わないので先生が注意をする。元が無視する。先生がさらに強く注意する。すると元の手や足が出る。それを先生が組み伏せる。元が抵抗して大暴れする。といった展開だったようだ。手足を振り回してバタバタするのは、元が幼い頃からの悪いクセで、私はそのたびに強く叱り強硬に矯正してきたつもりなのだが、親の目の届かないところでは相変わらずの有様なのだった。

学級では、先生と親の間を連絡帳が毎日行き来していた。そのノートを見れば元の学校での様子がわかる。はじめのうちは元の不品行ばかりが目に付き、今日はいったい何をしでかしたのか、とノートを開くのが恐ろしかった。

その頃、こんな話を学級主任の武富先生から聞いた。

元がまた何かの拍子に機嫌を害し怪力をふるい出したので、男の先生が二人がかりで押さえつけにかかった。元は言葉での説得には耳を貸さず、真っ赤な顔で歯をくいしばり全力で抵抗し続ける。先生の方も同じく全力で息を切らし上気しながら、何というわからんやつだ、と少々頭にきたそうだ。

その後、涙をぽろぽろこぼしながらも少し落ち着いた元にその非を言って聞かせ、職員室に戻って机に向かったが、怒りがさめやらずに尾をひいていた。しばらくして人の気配にふと窓の方を見ると、帰り支度をすませた元がこちらをのぞいて笑顔でさよならと手を振っているではないか。それを見たとたん気が抜けて、怒りもどこかへ雲散霧消してしまったそうだ。

「まったく元君には負けるよ」

そう言う先生の表情はむしろ楽しそうに見えた。私はお詫びの言葉を述べながらも内心おかしく、先生にはよりいっそうの親近感を抱いた。それは私がしょっちゅう体験させられていることと、まったく同じパターンだったからだ。

家でもやはり元を叱る場面はたまにある。ごく普通の親子のように母親の私が声を荒げ、元がぽろぽろ涙をこぼすこともある。そんなときは、よほど私の腹に据えかねることがあったためなので、お説教を切り上げても、まだぷんぷん怒りながら洗い物などをしている。ところが、五分も経たないうちに元は「お母さん……」と手にした何かを見せに私のところへやって来るのだ。それは新聞のテレビ番組表だったり、広告のチラシだったり、拾ったゴミだったりするのだが、あきらかに（仲直りしよう）と言っているのだ。

そのたび、私はいつまでも怒りを引きずっている自分を恥ずかしく思った。そして、こんなふうに早く気持ちを切り替えてくれる人がいると、まわりはとても楽だし、その人に感謝の気持ちさえ抱くようになるのだ、ということを学んだ。これは元から教わって大切にしている教訓だ。気持ちの切り替えという点で、私はまだまだ元の境地には到達できないでいる。

　中学校での生活が始まって、元はまた生き生きとした表情を取り戻した。

　授業にはあいかわらず乗り気でなかったようだが、体育の時間や、課外活動の陶芸、茶道には喜んで参加していたようだ。このころ父親と遠く離れてしまった元にとって、叱ったり取っ組み合ったり遊んでくれたりする二人の男の先生の存在は、何ものにも代え難い天からのプレゼントのようだった。

　はじめての保護者会で、武富先生から言い渡されたことが忘れられない。私たち母親はみな軽いショックを受けた。もちろん四人の先生たちはみな同じ意見なのだが、それは、「次の保護者会からはお子さんを家で留守番させてください。もう中学生なんですから」というものだった。

　この程度のことにショックを受けるのか、と逆にショックを受ける人もいそうだが、それほど障碍児の母親というのは、知らず知らずのうちに超過保護に陥っているのだ。

　私も当然のように、今回同様、保護者会のときは空いている教室で子どもたちを待機させてもらえるものと思っていた。甘かった。

　どんな小さなことでも、初めて取り組むときは不安なものだ。そんなこと言われても、と戸惑う気持ちと、そうねえ、もう中学生なんだからそのぐらいやらせてみても……という前向きな気持ちとが、私をはじめ母親たちの胸中で交錯した。

もちろんそれが無理な事情のある親子もいる。その場合、子どもは教室で待つことを許された。けれども大部分の母親は、このときから深いところで子離れの準備を始めたのではないだろうか。私はそうだった。私の子どもは「障碍児」というより先に「中学生」なのだ、と初めてそんなふうに考えることができた。その視点を与えてもらえたことの意義はとても大きい。

見学した心障学級の中には「毎日校門まで送り迎えをお願いします」と、子どもの障碍の程度、通学距離にかかわりなく要求してくるところもあったのだ。この意識の差を三年間積み重ねるとどうなるか、ちょっと空恐ろしいほどである

蓮沼中学校は家から歩いて三十分ほどのところにあった。電車を利用することもできたのだが、十五分歩いて五分乗りまた五分歩く、というあまり利点のないコースだったため、思い切って徒歩通学をさせることにした。足腰も鍛えられ、肥満防止にもちょうどいいと思ったのだが、道を覚えるまで毎朝私が付き添っていっしょに歩かねばならないのが難点だった。

元が五年生になる直前に離婚して以来、私は家計を支えるため朝からパートの仕事に出るようになっていたので、登校、出勤前のひとときは大騒ぎだった。何しろ元の身支度にえらく時間がかかるのだ。

慣れないワイシャツの小さなボタンを、小さな穴にのんびりのんびりはめる。はまった、

と思ったら位置がずれている。お飾りのネクタイは首の後ろのホックがなかなかかからず、ベルトを通す長ズボンだって初めてだから、制服一式を着込むだけでゆうに二十分はかかった。やっとかばんを肩から下げて、さあ出発。

通学路は比較的静かな裏道を通っていくのだが、複雑に折れ曲がっていて分かれ道も多く、何より踏み切りが二つあることが心配の種だった。無理にひとりでいかせようとしても抵抗を呼ぶだけだと思い、黙って毎日送り迎えを続けた。

あるとき迎えに出るのが遅れ、慌てて自転車を飛ばしていくと、ずっと向こうから元がひとりで帰ってくるのが見えた。とっさに物陰に隠れて元をやり過ごすと、こっそり後をついていくことにした。すると途中迷う様子もなく、ちゃんと家まで帰りついたではないか。なあんだ、もう大丈夫なんだ。ほっとして私も家に戻り、

「わぁ遅くなっちゃった！　ごめんごめん」

と、たった今仕事から帰ったようにばたばたと飛び込むと、制服を脱ぎにかかっていた元は余裕の笑顔でこちらを振り向いた。いやあ、大人っぽくなったものだ。

ところが、である。翌朝になるといつものように、自分の支度は済んでも私の用意が整うのを待っているのだ。

「もうひとりで行けるよね。ひとりで行っていいよ」

と、うながしても動く気配もない。仕方なくまた学校まで送っていったが、なまじ期待した分、余計に疲れた。

その日から帰りはひとりで大丈夫になったが、朝の付き添いは二年生に進級してもまだ続いていた。もう卒業までこのままか……と半分あきらめの境地になってきた。

ある朝、家から五分ほど行った一つ目の踏み切りで、二人並んで通過電車を待っていた。金木犀の淡い香りがあたりに漂っていた。電車が通り過ぎて遮断機が上がると、元が私の方を向いてぼそっと言った。

「ひとりで」

私は自分の耳が信じられなかった。

「え、ひとりで？　ひとりで行くの？」

元はニヤッと笑っただけでスタスタと踏み切りを渡り始めた。私はぼうっとしてその場に佇んだまま元の背中を見送った。遠ざかっていく元の後姿をいつまでも私は見ていた。向こうの角をまがるとき、元はこちらを振向いてまたニヤッと笑ったようだった。

心障学級に通うようになっても、案じていた問題、つまり刺激が少なすぎるのではないかとか、甘やかされてしまうのでは、といった心配が現実になることはなかった。むしろその逆で、元は大いに刺激的な毎日を楽しんでいるようだった。

毎日接する大人が担任の四人の先生だけになってしまったが、その先生方の細やかな心配りに、元の兄が過ごした公立校での中学校生活よりずっと望ましい教育環境だ、と私は喜んでいた。

ただ、普通級と心障級とに分けてしまうと、同じ敷地内に棟続きで設置されていても、自然な交流は生まれにくいのだということもわかった。学校側は折々に交流の機会を設けてはいたが、そこで起こることは、元が小学校の六年間普通級に身を置くことによって生じた、自然な心の交流とは全く異質のものだった。

このまま外の世界と隔絶されてしまうことに危機感を覚えた私は、折よく大学時代の友人が誘ってくれたスキーツアーに、元を連れていくことにした。この決断には、ほんの少し勇気がいった。十数名の同行者は誰ひとり身内に障碍者がいるわけでもなく、独身気分でスキーに出かけられる恵まれた四十代ばかりだ。その中に私だけが知的障碍の息子を連れていくのだ。もちろん、気のいい仲間たちは元が加わることを大いに歓迎してくれた。問題は私の心の中にだけあったのだ。

スキー場では、ツアー仲間のおじさんたちが元にスキーを教えてくれた。さすがにスキーはそう簡単に出来るようにはならないが、橇《そり》遊びならいっしょにゲレンデで楽しめる。私は懐の深い友人たちに心から感謝した。しかし私自身はといえば、元の監視と気苦労でスキーを楽しむどころではなかったのだ。

まず私が、この余計な心配や劣等感、罪悪感から抜け出すことが、元を外の世界へ押し出していくための第一歩だ、とこのスキーツアーから学んだ。

時を同じくして、スペシャルオリンピックスという名の非営利団体が東京に支部を設立した。スペシャルオリンピックスの主な活動内容は、知的障碍のある子どもたちにスポーツを楽しむ機会を提供しようというもので、その取り組みはアメリカを拠点に世界的な拡がりを見せていた。

スペシャルオリンピックス（略・SO）が目指していることの一つは、運動の機会が充分に与えられていない知的障碍のある子どもたちに、スポーツの楽しさを知ってもらい、健康維持に役立ててもらうこと。

そしてもう一つは、日常のトレーニング活動を通じて、普段接触する機会のない一般社会人や学生たちと、知的障碍のある子どもたち（ＳＯではアスリートと呼ばれる）が交流できるようにすることだ。

スキーツアーの主催者である友人は、このＳＯ東京の設立準備に携わっていた。その流れの中で私と元を同窓の仲間たちとの旅行に誘ってくれたのだ。

「やろうとしていることが本当に意義あることなら、必ずどこからか助けがやってくる」ドーマン博士の言う通りだ。私がやろうとしていること、それは知的障碍のある元を隠したり隔離したりせず、また声高に権利を主張したりもせず、いつの間にか普通の社会の中へそっと紛れ込ませてしまおう、ということだ。こんなふうに次から次へと助けがやってくるからには、私の企てにはきっと大いに意義があるに違いない。渡し場に舟が横づけされているのに乗らない手はない。私は元とともにスペシャルオリンピックス入会の手続きをした。

まずスケート、次いでスキーとウィンタースポーツを選んだのは、まだ選択肢が少ない中で日程が合うことと、私自身一度習ってみたい種目だったからだ。プログラム会場では元メダリストの素晴らしいコーチから教えを受けたり、現役を退いた男性や、社会的意識の高い女性、それに若く元気な学生たちが元の相手をしてくれる、という夢のような光景が現実のものとなっていた。私はうれしくて仕方なかった。

入会してまだ間もない頃、スキープログラムが初めての合宿を長野のスキー場で実施することになった。これならたくさんのアスリートがいっしょだから、何の気がねもいらない。やっほー！

ゲレンデではグループごとにコーチとボランティアとファミリーがつき、私は元と離れて初心者の女の子のサポートに当たった。障碍のあるよその子をサポートするなんて、ちょっと大変そうに思えるが、これが案外楽しいのだ。自分が人の役に立てていると感じられるからだろうか。それにしても、よその子相手だと、ふだん短気な親もずいぶん寛容に辛抱強くなれるものだ。

最終日は練習の成果を披露する記録会となっていた。途中からスペシャルオリンピックス日本会長（現・理事長）の細川佳代子さんが遠路はるばる視察にみえ、合宿所は活気づいた。細川護熙氏夫人としてテレビや雑誌でよく見かける人だ。ちょっと好奇心が動いたが近寄り難く、話しかけるほどの用事も思い浮かばなかった。

アスリートたちは短距離、中距離、長距離に分かれてそれぞれの滑りを披露する。私はリフトで長距離のスタート地点へいき、呼出係をしながら声援を送っていた。

ふと気づくと、スキーウェアに身を固めた細川佳代子さんがスタートラインに立っているではないか。（あ、滑るんだ。やるなあ）私は好感をもった。

「会長、がんばって！」

両手をメガホンにして声援を飛ばした瞬間、細川会長が反応した。確かにこちらを見ている。しかしその顔が笑っていない。はっとする。

（また何かまずいことでもしただろうか？……）

私はときどき無自覚にまずいことをしでかす。たいていそれは〈分をわきまえない〉と評されるようなことである。

はっとしている間に細川さんは見事なフォームで斜面を滑り降りていった。ところがいつの間にかリフトでまた戻ってきていたらしい。その人がこちらに近づいて来るのに気づいたときは、叱られるのじゃないか、と逃げ腰になった。会長はぴたっと私の左隣に立ち、コースの方を向いたまま「ねええ」と言った。たったそれだけの発語に、有無を言わせぬ迫力があった。「はいっ」と硬直した私も前を見たまま応えた。

「あなたのあの文章ねえ、ニュースレターに載ってた……。講演で使わせてもらってるけど、いいわよねえ？」

（は？　講演で？　私の文章を？　細川さんが？……でもそれが私だと、なぜ……）

一瞬頭の中がパニックになったが、聞こえてきた自分の声は、

「どうぞ。お役に立てるのでしたら、ご自由に」

などと妙にクールなことを言っていた。それから二言三言言葉を交わしたが、細川佳代子さんと私は肩を並べながらもお互いを見ず、ずっとコースの方を向いたままだった。

（……まるでスパイ映画だ……）緊張感の中で私は思った。

最後のアスリートを送り出してから、係りのみんなといっしょに白いスロープを滑り降りていったのだが、あのとき私は道をそれ、難易度の高い人生コースへと迷い込んでしまったような気がする。

鬼門

「ずっとここにいられたらいいのにねえ……」

小学校卒業時、健常児の親は誰も口にしなかった未練の言葉を、ひさしぶりにまた耳にした。高校進学の時期がやってきたのだ。

高校はもう義務教育ではないので心障学級は設置されていない。養護学校の高等部へ行くというのがたった一つの道だ。ただ、どの養護学校へいくかは選べるので、親たちは少しのあいだ頭を悩ませた。

ほとんどの親子はいちばん近い地元の養護学校を選ぶようだった。私も学校生活最後の三年間くらいは、仲良くなった顔なじみの子たちと楽しく過ごさせたいと思っていた。実際にその養護学校も外から眺め、住宅や町工場に囲まれた静かで周りに気がねのいらない立地や、芝生の運動場ののどかな佇まいも気に入っていた。

ところがそこへ思いがけないニュースが飛びこんだ。ちょうど元が卒業する春、他区の養護学校に園芸科が新設されるというのだ。私の心は動いた。

園芸は私自身も高校生のとき選択科目にしていたほど興味のある分野なのだ。それに元は机に向かっての勉強より、土いじりの方が向いているような気もした。

担任の先生たちに相談してみたところ、その新設科については自分たちもあまり情報がなく詳しくはわからないが、これから説明会が開かれるようだから、ぜひ行って様子を見てくるといい、と日程を教えてくれた。当の学校ではなく都心の何とかいう建物で開かれるその説明会には、本人と保護者とで出席するようにということだった。

当日、元を連れて説明会場があるその建物に一歩足を踏み入れたとたん、うっと息詰まる感じがした。受付にも階段付近にも、暗い色のスーツを着たいかめしい表情の中年男性の姿しかないのだ。元にさっと緊張が走った。案の定、受付で名前を聞かれても答えない。

「ちゃんと名前を言いなさい」

受付という役目にふさわしくない横柄さで、受付の男性が元を叱った。その配慮のなさに私は唖然とした。それでもせっかく来たのだから、と気をとり直し、資料の入った分厚い茶封筒を受け取って二階の説明会場へと向かった。

そこでも事態は好転しなかった。教室のぐるりを鼠色のスーツを着た硬い表情のおじさんたちが、まるで看守のようにとり囲んでいるのだ。もしかしたら女性もいたのかもしれないが、その場に「優しさ」とか「暖かさ」とか「ようこそ」といった要素はまったく感じられなかった。

教壇に上がって話しはじめたのも鼠スーツ族の一員で、何となく教頭の講話といった感じの話しぶりだ。奇妙なことに、彼は教室に座っているたくさんの中学生たちに語りかけていなかった。どうも付き添いの親とまわりの看守にしか興味がないかのようだった。彼が言ったことで記憶に残っているのは、「卒業時の就職率では右に出るものがない」ということだけだ。

話が終わると、今度は別室で一組ずつ親子面談をするというので、字義どおり「説明会」に来たつもりだった私は驚いた。だから親子で来いということだったのか。まわりを見回しても誰も驚いている様子はない。知らぬが仏、は私だけだったのだろうか。

いざ元とその別室へ入ってみると、そこはすでに選別の場だった。

「こちらのやり方についてこられる生徒を求めています」

平然と言い放つ面接員を見て、ここは進学校か？　と錯覚を起こしそうになった。四十位の、やり手のビジネスマンのような、仕立てのいいスーツを着た面接員は、椅子に背中をあずけたまま、

「ちょっと難しいかもしれませんね」

と、元を見て言った。

悔しいのは、ついつい「お宅のお子さんなら」と言ってもらいたくなってしまった私の浅ましさだ。まったくどこに落とし穴が待っているかわからない。油断大敵火がぼうぼうである。

どっと疲れて帰る電車の中で、ようやく私はわれに返った。待てよ、何で元と私はあん

な失礼な扱いを受けねばならないのか。その学校が元にふさわしいかどうか、確かめにいったのはこちらではないか。あんな無礼なところこっちから願い下げだ、と腹を立てながらふと気づいた。ひょっとしてあの人たち、当の学校の先生ではなくて教育委員会の委員たちだったのではないだろうか。

もし養護学校の先生であったなら、自分たちの学校に入学を希望している知的障碍の子どもたち相手に、あそこまで緊張を感じさせる設定や物言いはしないはずだ。それより何より、あの人たちが本当に先生で、現場で子どもたちを教えているなどとは考えたくもなかった。

でも、だとしたら教育委員の仕事とはいったい何なんだろう。またしても同じ疑問につき当たる。あの人たちは子どもや親に圧迫感を与えることで、何の役に、誰の役に立っているのだろう。

元を先に家に帰してから、担任の先生たちに報告にいった。

「どうも元には合わないようなので、やはり地元の矢口養護学校に進ませようと思います」

「ああ、それは残念でしたね。でも矢口養護にだって小さいながら畑はありますよ」

そう聞いて思わず身を乗り出した。よく聞いてみると、校舎と塀の間の狭い土地を利用した家庭菜園程度の畑があり、そこでナスやキュウリなどを育てる「農耕」という選択科目があることがわかった。それだけ聞けば充分である。よし農耕でいこう。

そう決めたのはいいのだが、養護学校高等部は義務教育ではないので一応入学試験がある、と聞かされ「えーっ」と驚いてしまった。そうか、それでは園芸科が狭き門なのもある程度仕方がないのかもしれない。

三学期になると授業の合間に入試に備えての特訓が始まった。といってもほとんどは面接の練習だ。入室の前にドアをトントンとノックする。「どうぞ」と言われたらドアを開け、「失礼します」と言って入室し、先生に一礼する。すすめられてから椅子にかける、といった礼儀正しい一連の動作を、繰り返し繰り返し練習していたようだ。

元はこの特訓が気に入ったようで、家でもトイレに入るときに「トントン、失礼します」と大真面目にやっていた。

それから靴を脱いで部屋に上がる場面を想定して、脱いだ靴をそろえて外向きに置き直すということも、先生が根気よく教えてくれた。靴の形を舟に見立てた「出舟、入舟、脱いだら出舟！」という覚えやすいキャッチフレーズは、同じ先生に教わった兄も覚えていたが、作法がしっかり身についたのは元の方だった。

その甲斐あってか、元は見事試験に合格し、晴れて高校生の身分を獲得した。もちろんクラスメイトたちもみな合格した。試験は形式的なもので落ちることはないと親は薄々気づいていたが、本人たちはそんなことは知らない。合格発表の朝、子どもたちは普通の受験生と同じようにドキドキして、高校の正門近くに張り出される自分の受験番号を見にいったのだ。

「受かった！」と輝く顔でクラスに戻ってくる子どもたちを見て、先生も親も口々に「おめでとう！」「おめでとう！」と心からの祝福を浴びせた。その喜びの輪の中に、満面の笑みの元もいた。

Ｉ組で

矢口養護学校の高等部には、ホームルームの他に能力別のクラスがあった。たしか四段階くらいに分かれていたと思うが、元は最重度のクラス、Ｉ組に配属された。最重度というのは、机に向かっての学習が適当でない、と判断される状態である。五十分じっと座っていることが出来ない子などがこれに当たる。

元の障碍は中程度だと思うが、判定はおそらく面談と、ちょっとしたペーパーテストでもあったのだろう。試されることが大嫌いな元は、そういうときは必ずだんまり作戦に出る。鉛筆も握らなかったに違いない。だからＩＱテストの結果はいつも「測定不能」なのだ。

蓮沼中学校から来た生徒でＩ組になった子は他に一人もいなかった。そのためまわりのお母さんたちが心配して、判定がおかしいのではないか、抗議した方がいい、と親切にも忠告してくれた。けれど私はむしろＩ組になったことにほっとしていたのだ。

元はあれでなかなかプライドが高く負けず嫌いのところがあるので、授業のとき、まわりの子がわかることがわからなかったりすると、深く傷つきやる気をなくしてしまう。中学の時も、授業中ずっと机に突っ伏したままのことが何度かあったと聞いていた。だから、それ以上無理して勉強を詰め込まなくてもいいと思ったのだ。

中学でも高校でも、担任の先生との面談で同じことを聞かれた。

「お子さんにどんなふうになってほしいですか」

「毎日元気に登校して、笑顔が見られるようであってほしいです」

私はいつもそう答えていた。「きちんとしゃべれるように」とか「文章が書けるように」ではなかったのだ。それは決してきれいごとではなく、心からの切実な願いだった。

離婚して以来、私の心をずっと占めていたのは、子どもたちから決して笑顔を奪うまいということだった。正直なところ当時私の心はズタズタで、ともすれば笑顔も忘れがちだったのだが、母親の陰鬱な気分や表情は子どもたちの心をも侵蝕していく。もしそれで二人の息子の表情まで暗くなってしまったら、もう私たち一家は暗黒の底なし沼から這い上がれなくなってしまうではないか。

子どもたちの顔が楽しそうに輝いていれば、それを励みに私も頑張ることができる。けれども母親ひとりで働きながら、子どもたちを笑わせ続けるのはなかなかしんどいことでもあった。だからぜひ学校の先生方に、お父さんやお姉さんとなって、とくに元を笑わせてほしかったのだ。

I組の仲間たちと過ごし始めた元はとても元気そうだった。何しろこのクラスで初めて、何でもよくできるリーダーとみなされるようになったのだから。

そのことを自覚した元は、進んで仲間に手を貸したり、先生の手伝いをするようになっていった。それにつれて顔つきや態度も自信に満ちてきたようだ。私はほっと胸をなでおろした。

二年生になる前に担任の先生から打診があった。

「元君のおかげでI組はまとまりもでき、とても助かっています。でも元君には一つ上のクラスでもやっていける力があると思うので、お母さんが希望されればそのように取り計らいますが……」

こんなふうに何度も何度も分かれ道がやってくる。そのたびに私は元の代理人として全責任を負って選択をしていかなければならない。今回の選択は、I組で勉強以外の面でリーダーをやっていくか、それとも別のクラスで読み書き計算に取り組むか、ということだ。

そのときの私には、授業中ふてくされて机に突っ伏している元の姿しか思い浮かばなかった。もうすでにまとまりのできている別のクラスへ、途中から編入していくというのは、元の態度を硬化させるためのお膳立てでしかありえない。

「このままI組でお世話になります」

そう私が言ったことで、元の高校での三年間の過ごし方が決まった。先生がほっとされたように感じたのは私の気のせいだったろうか。

このときも、まわりのお母さんたちが気にかけてくれ、

「元君またI組？　先生に抗議しないの？　代わりに私が言ってあげようか」

と親に代わって憤慨してくれる人もいた。私の方でI組を選んだのだ、と言うと決まって不思議そうな顔をされた。私の判断はどこかおかしいのだろうか。

しかしそういったまわりの反応に、私はだんだん違和感を覚えるようになった。なぜI組ではいけないのだろう。なぜ重度の障碍がある子といっしょではいけないのだろう。やっぱり「お勉強」ができないと駄目だ、というのがみんなの本音なんだろうか。それは結局のところ差別ではないのか。世間が障碍者を差別する態度とどこが違うというのだろう。

私の内心の葛藤をよそに、元は毎日元気に登校して、その上明るい笑顔も見られるという、親の当初の理想通りの生活を送っていた。

「世界」を見てこよう

助けの手は一体どこまで差し伸べられるのだろう。
一九九九年六月、アメリカ・ノースカロライナ州で開かれるスペシャルオリンピックス世界大会に、高校三年生の元は水泳のアスリートとして出場できることになった。といっても元のタイムが目覚しかったからではない。世界大会出場者の選考基準は「より早い者」「より強い者」ではないのだ。「普段の練習に積極的に参加しているか」「親元を離れて二週間の団体生活が可能か」、これだけである。あとはプラス「運」だろう。このとき元をノースカロライナに導いたのは、他のプログラムを下した水泳コーチのくじ運の強さだったのだ。

せっかくのチャンスである。私も二週間の長期休暇をとり応援団の一員としてノースカロライナに乗り込むことにした。私にとっても初めてのアメリカ行きだ。どうしてもおのぼりさん気分となる。飛行機がアメリカ大陸にさしかかるとそわそわ落ち着かず、最後尾の窓に寄って、眼下に広がる雄大な大陸を驚嘆の目で眺めた。日本を空から眺めると地図の通りだが、アメリカほど広大になると、地図のどのあたりを飛んでいるのか手がかりがつかめない。あ、海だ、もう大西洋に出たのか、と思ったら五大湖の一つスペリオル湖だった。

シカゴを経由するときの入国審査で「ワールドゲームへようこそ」とニッコリされたのにも驚いた。ここまでスペシャルオリンピックスの活動が知れ渡っているとは……。

一四時間の長旅の果てにようやく開催地ローリーの空港にたどり着いた。元やチームメイトたちはこの長いフライト時間をどうしのいでいたのだろうか。

マイクロバスでローリーの町をいく。町の至るところに大会カラーのヴァイオレットの旗が掲げられ、その下をヴァイオレットや黄色や白の、SOのロゴ入りTシャツを着た老若男女がいき交っていた。彼らはみなこのワールドゲームに何らかの形でボランティアとして関わっているのだ。ボランティアたちの溌剌とした様子とその数の多さを車窓から眺めて、何と頼もしいことか、と感嘆した。そしてこの町ぐるみの応援体制をとてもうらやましく思った。

開会式の日がまた大変だ。何しろアスリートだけで七千人はいるのだ。スタジアムまでの選手団や観客の輸送には、頑丈そうな黄色いスクールバスが総動員された。黄色いバスが何十台も連なって、カーターフィンレイ・スタジアムに続々と集結する、ちょっと異様な光景に、お祭り好きの血が騒ぐ。

アスリートの親兄弟であるファミリーたちもアメリカ中から、また世界中から大集結していた。八万人収容のスタジアムがまたたく間に賑やかな色とさざめきで埋まっていき、期待と興奮と連帯感の渦巻く中、祝砲を合図に開会式が始まった。それはオリンピックの名に恥じない壮麗さで観客を、私を魅了した。

翌日から競技が各会場で始まった。応援の合間に、ファミリーたちの間では外国や他州のSOピンバッジを集めることが流行った。手持ちのバッジと相手の持っている珍しいバッジを交換してもらうのだ。SO日本特製の桜色のバッジはなかなかの人気で、あっという間に手持ち十個がなくなった。あとは鈴や折鶴の出番である。集めたバッジは、IDカードの首から下げる紐に留めてコレクションの数を誇示し合う。ピンバッジの交換は名刺交換よりずっと楽しい。バッジを口実にすればどんな外国人にだって気軽に声をかけられるのだ。特に「トレード!(交換して)」と寄ってくるアスリートの兄弟姉妹たちとのやりとりは、童心に帰って楽しかった。

私の手元にはアメリカ各州のバッジと、カナダ、ハンガリー、スウェーデン、韓国のユニークなバッジが交流の記念として残っている。中にはマクドナルド、コダック、M&M、オラクルなど企業名の入ったピンバッジもある。これらの企業はワールドゲームにボランティアとして社員を派遣したり、自社製品を無料で提供したりしているのだ。さすがにボランティア先進国である。

夜は夜で、各国からのファミリーを歓迎する小さなレセプションがあちこちで開かれていた。会期中のローリーやチャペルヒルではファミリーはVIP待遇で、ファミリー用

ＩＤカードを掲げれば、満車のはずの駐車場にだってもぐり込めた。水戸黄門である。

とはいえ、私たちは一日中声をからしての応援と異文化体験とでヘトヘトで、モーテルに帰り着くともう出かける気力もなく、現地のスーパーで買い込んだバナナやカップヌードルなどを口にしてはベッドに倒れ込んでいたのだった。

何だか元そっちのけで私ばっかり楽しんでいたようだが、まあ元にはコーチもボランティアもついていることだし、たまにはいいことにしよう。こんなにのびのびと羽根を伸ばしたのは元が生まれてからの十七年間で初めてのことだった。私だけでなく参加したすべてのファミリーが同じ思いだったろう。（世界大会の競技の模様については前著『able　生まれるだけで冒険だった』をご参照ください）

あっという間に楽しくもハードな二週間が過ぎ去り、夕闇迫るスタジアムで閉会式が執り行われるときがやってきた。

入場してきたわがアスリートたちは、外国での団体生活という初めての試練を乗り越え、競技に全力を出しきった満足感を、その表情の輝きやリラックスした態度に表していた。本当にみんなよくがんばったものだ。みんなのがんばりのおかげで、私たち親はこんな楽しい体験をさせてもらえたのだ。子どもたちへの感謝の念が静かに胸に広がった。

スタジアムに大音響で音楽が流れ出し、それに合わせて、いつしか夕暮れから夜になっていた空に大輪の花火がいくつも打ち上げられた。うねるような音の波と高々と上がっては砕け散る花火。何て華やかでダイナミックなんだろう。そういえば今日は七月四日、アメリカ合衆国独立記念日だったと気づく。この日が閉会式になるように会期を設定してあったらしい。

閉会式も終わる頃、ベンチで余韻を楽しんでいる私たち日本ファミリーの一団に向かって、カメラクルーが近づいて来た。このワールドゲームを記録して一本のテレビ番組にするため、各会場を駆け回っていた小栗監督とそのスタッフだ。水泳競技会場で、元のチームメイト田口麻紀子さんを追っているのを時々見かけていた。

そのとき私は、田口麻紀子さんのお母さん、高橋淳君のお母さんと並んでベンチにかけていたから、あ、田口さんへのインタビューだな、とピンときた。田口さんはカメラとマイクを向けられコメントを求められていたが、たじろぐ様子もなく落ち着いて語り始めた。ざわざわしているスタジアムのこと、内容までは聞き取れない。田口さんへのインタビューが終わると、カメラは横に移動して隣の高橋さんに向き合った。

「お子さんを世界大会に出場させて、今どんなお気持ちですか」

といったようなことを聞いている。(この分だと、次は私か)心臓がドキドキし始める。席を立って逃げるのも大人げないし、仕方なくそこに座り続けた。

カメラとマイクが私に向けられたとき、私への質問はなかった。前の二人のを聞いていたからわかるでしょう、ということらしい。質問なしにマイクを向けられても、そう急に話し出せるものではない。しかし目の前でカメラは回り続けている。(あー、フィルムがもったいない……）私はあせった。泣く子と地頭には勝てないというが、カメラとマイクのセットにもどこか抗い難い魔力がある。ともかく私はしゃべりだした。けっこう長いことしゃべっていた。何を言っていたのか、よくは覚えていない。しかし一箇所だけ覚えているところがある。

「この子たちには人をほっとさせたり楽しませたりする力があるんです。この子たちにはきっと何か特別な役割があるんだと思います」

そう言ったとき、大きなレンズの向こうに隠れてほとんど顔の見えない小栗監督が、ふっと微笑んだのに気づいた。意外だった。

作業所を探しに

高校時代、元の晴れ舞台は運動会や文化祭で、鼓笛隊のリーダーを務めたり、ロックソーラン節を力いっぱい踊ったり、『不思議の国のアリス』のウサギ役になったりして生き生きと活躍していた。家では静かにニコニコしているだけなのだが、学校行事ではいつも驚くような別の面を見せていた。けっこう目立ちたがりやのパフォーマーなのだ。二面性のあるところは親ゆずりかも、と苦笑させられる。

こうして振り返ると、元の学校生活は楽しいことばかりだった。もちろん困ったり悩んだりしたこともたくさんあったはずだが、時間のふるいにかけられると残るのは断然楽しい思い出の方なのだ。

元が生まれたばかりの頃、まだ学校に入る前、私の心は心配でいっぱいで、まわりも、未来に待ち受けているのは苦しみや悲しみばかり、といった情報であふれていた。でも実際には、元がいじめられたり、楽しいこともなくしょんぼりしていたり、人から後ろ指をさされたり、石を投げられたり、といったようなことはどれもほとんど起こらなかったのだ。

あ、そういえば石を投げたことはある。いえ、元ではなく私が。

あれはまだ元が小学生の頃、品川にある児童相談所で定期面談を受け、最寄の駅まで帰ってきたときのことだった。

面談の内容が思わしくなく、私はいつになく沈んだ気分で住宅街の小道を元と歩いていた。向こうから小学生の女の子が二人連れでやってくる。二人はチラチラと元を見ている様子だ。このあたりは元の学区ではないので、女の子たちは初めて元に出会ったのだろう。その目つきにどうも気に入らないものを感じた私は、二人が通り過ぎたあと振り向いてみた。案の定、女の子たちはこちらを見て、さもばかにしたように笑っていたのだ。それを見てカッと頭に血がのぼったが、相手は子どもだ、とぐっと抑えて歩き続けた。でもどうにも気になってもう一度振り返ると、なんと向こうもまだこちらを見ているではないか。そのときお互いの間の距離は二十メートルほど。許せない！　と思った。

夢中で道端の小石を拾い、投げるポーズをとると、さすがに二人は驚いてわらわらと逃げ出した。怒りに突き動かされた私はバッグを地面に置くと、その後を追って走り出した。

手の中の小石を実際に投げたかどうかはよく覚えていない。でも本気で投げつけようと思って走っていたことは確かだ。

その間、元は私のバッグを拾い上げその場にじっと佇んでいた。息を整えながら元のもとへ戻った私は、バッグを受け取り、「いこうか」と声をかけると再び元と家路についた。

そのとき、元の目に私の行動はどう映ったのだろうか。そして何を感じたのだろうか。確かめるすべはない。大人として分別のない行動だったとは思うが、我を忘れてそんなふうに動いてしまった自分を、今は微笑ましく思い返す。

高校生活も軌道に乗ったと思う間もなく、二年生に進級するや次の進路のことが保護者会の話題に上った。次の進路、それは学校から巣立ち、社会人となることだ。社会人。この呼称は元やその仲間たちにも適用されるのだろうか。会社や個人商店に受け入れてもらえるのはほんのひと握り、ほとんどの生徒は作業所や養護施設といった福祉施設の世話になるのだが。

またまた頭の痛い問題にぶつかった。元が高校を卒業したら実家のある狛江市に引っ越そうと考えていたのだが、それには大田区で学校に通わせながら、電車で一時間半の距離にある狛江市で作業所を探さねばならないのだ。日曜日は作業所も休みだから、こちらが平日に仕事を休んで見てまわることになる。これは、けっこう一仕事になりそうだった。

ところが何と幸運なことに、進路指導の先生の前任校が狛江市を含む学区にあったそうで、それなら、と土地勘のあるその先生が代わりに情報収集がてら下見にいってくれることになったのだ。おかげで居ながらにして狛江市の作業所情報を手に入れることができた。東京都に学区がいくつあるのか知らないが、狛江市に詳しいこの先生が進路担当であったことは、私には天の助けとしか思えない。

先生の下見情報をもとに作業所の見学をしようと、平日の午後狛江市まで出かけた。最初に訪ねたところは建物がまだ新しくきれいで、所長さん曰く、仕事はたくさんあるし給食も出る、入所希望者もたくさんいる、というので大いに気を引かれた。しかしそこはすでに定員いっぱいで新規の募集はしていないとのこと。ガックリしている私に所長さんは「次はここへ行ってごらんなさい」と簡単な地図を描いてくれ、おまけに先方へ紹介の電話まで入れてくれた。

最初の作業所から十五分ほど歩いて、大通りからちょっと引っ込んだところに、その作業所を見つけた。玄関に立って声をかけると、奥からプリント柄のエプロンをした、背の高いショートカットの女性が出迎えてくれた。私と同年代くらいだろうか。以前に会ったことがあるような親しみを感じさせる人だった。

「久下です」

と彼女は名乗った。メモにある主任さんの名だ。

久下主任の案内で作業室に入ると、十五人ほどのメンバーがテーブルを囲んで、ちょうどお茶の時間を始めるところだった。突然やって来た見知らぬ闖入者をみんなは別段不審がるでもなく、どうぞどうぞと椅子をすすめ、どうぞどうぞとお茶をすすめ、袋の甘いお菓子を分けてくれた。

お茶を飲みながら、みんなは職員さんの声かけで今日一日の感想だか反省だかを話し始めた。それを聞いて驚いた。まるで学級会のようではないか。みんなの話はたどたどしいながらも、テーブルのまわりには活気がある。元はとてもあんなにはしゃべれないが、ぜひこの楽しい会話の輪の中に入れてやりたいものだ。

ここにいるのは障碍者たちというより個性豊かな若者たちだ、と私は思った。この暖かく家庭的な雰囲気の作業所がすっかり気に入った私は、ぜひ元を受け入れてもらいたいとその場でお願いした。メモにはまだあと二軒の訪問先が書いてあったが、私の頼りになるフィーリングは（ここがいい！）と言っていた。幸いまだ定員に余裕があるということで、試行期間である秋の実習に通わせてもらえることになった。

矢口養護学校の卒業式当日。思いがけずうれしい出来事があった。卒業証書を校長先生からいただく生徒代表の一人に元が選ばれていたのだ。それは三年間I組でリーダーとして頑張ったことに対する、先生方からのごほうびだったのだろう。

もう一つうれしかったのは、式のあとI組のクラスメイトのお母さんからお礼を言われたことだ。「いつも元君にお世話になりました」と。校外へ散歩に出る授業のとき、気持ちが不安定になりがちなその子の手を、よく元は握っていっしょに歩いていたというのだ。別の女の子のお母さんからは「元君と会えなくなるのが寂しいらしいですよ」と聞かされた。

まったく知らなかった元の学校での一面に触れ、改めて傍らのわが息子を誇らしく見やった。

『岸辺のアルバム』

卒業式の前後、私の心身の疲労は極限に達していた。引越し先がなかなか決まらなかったのだ。

離婚後も住まわせてもらっていた義父の持ち家には、元が学校を出るまでという約束だったし、狛江市の実家では弟夫婦が両親を見てくれているので、子連れで転がり込むわけにもいかない。しかし、いいな、と思う部屋は家賃が高すぎるし、この家賃なら、と思うと日当たりや眺望が悪かったり、ひどく不便だったりして、どうにも決めかねていた。

いっそ東京を離れればもっといい物件もあるのだろうが、元の作業所を狛江市に決めてある。障碍のある子のいく先はそうそう融通がきくわけではない。それに遠距離のところ大変な思いをして実習に通い、顔なじみもできた狛江第二福祉作業所に、何とか元を通わせてやりたかった。

この自宅の引越し先探しの四カ月前にも、仕事場用の部屋探しでさんざん歩き回ったばかりだった。長年のパートタイムやアルバイトの暮らしに見切りをつけ、思い切ってカウンセラーとして独立することにしたのだ。そのための部屋は、幸い都心近くに交通の便のよいところが見つかっていたから、長男とは別所帯にして、そこで元と暮らすことも考えてみた。しかしその一DKの空間では、元が帰宅したらもう仕事にならない。第一、そこは狛江市ではないから、あの作業所に通えなくなってしまう。

ああでもないこうでもない、と考えているうちに、なんだかもうこれ以上、元と一緒に暮らしていくのは無理なのではないかと思えて悲しくなった。

実は少し前に、障碍者のための入所施設の案内パンフレットを取り寄せていた。遠くの山あいにあるその施設では、農作業の合間に和太鼓の演奏活動もしていると聞きつけ、高校で農耕と和太鼓をやっていた元にぴったりではないか、と思ったのだ。

自然の中で額に汗して働き、余暇に太鼓を叩く生活はいいよね、健康的で、と私はそのパンフレットを広げてひとりつぶやいた。けれど、まだそれを元に見せようという気にはなれなかった。

何日か迷ったあとで、パンフレットにある番号に思い切って電話をかけてみた。電話口には主宰者の女性が出て、「どうぞお子さんとごいっしょに見学にいらしてください」と言った。声の背後にその土地の気配があった。とても遠く少し淋しいところだと感じた。

電話の声も話し方も感じは悪くなかったのに、私は受話器を置くと、遠くの住所の書かれた大きな茶封筒にそのパンフレットをしまい、廊下の棚の上に放り上げた。そこに置かれたものは、たいていそのまま忘れ去られていく運命にあった。

元を手放せないのなら、どうしても一緒に住む家を探すしかない。私は、はちまきを締め直す気持ちで再び家探しに出かけた。一歩もあとに引かない覚悟を固めたからだろうか、やがて候補となる物件が見つかった。その家は私が子どもの頃、水遊びや花火を楽しんだ多摩川のほとりにあった。

家といっても小さなマンションの三階だが、部屋を見せてもらってベランダに出ると、家々の屋根の向こうにきらきら光る多摩川の水面が、そして西には丹沢山系の向こうに小さく富士山が見えた。どうしてこんないい場所が空いていたのだろう。おまけにその小さなマンションの持主は退任した牧師さんだという。そんなことってあるのだろうか！

ともかく急いで引越しだ。もうすでに四月に入っており、元の作業所通いがスタートして二日目にようやく新居に落ち着くことができた。引越しの日、変化を嫌う元も、朝、大田区の家を出て夕方には狛江市の家に帰る、という綱渡りを何とかこなした。

引越しは過去を捨てる作業だ。私が新居に持っていくことにした家具は、五角形のダイニングテーブルとベンチのセット、何にでも使える二つの棚、それと折り畳み式の小テーブルと椅子の三種類だけだった。クローゼットもベッドも本棚も勉強机も捨てた。

もともとわが家は物の少ない家のはずだったが、にもかかわらず驚くほどの不要品が出た。ほとんどはリサイクルにも出せないようなガラクタだ。家具を運び出してがらんとした居間に、代わって出現したそのガラクタの山を見て愕然とした。こんなにたくさんのゴミに家を占拠されながら、何年も暮らしていたのか……。

ふと、ゴミの山の中からとっておくものを選り分けたい衝動にかられたが、ぐっと踏みとどまった。愛着のある陶器は作業を手伝ってくれた義父に進呈した。手放し難いたくさんの本も思い切って古本屋に出した。アルバムは最後まで迷った。一家四人の笑顔と思い出のいっぱい詰まったアルバムだ。まだ子どもたちは幼く、私も、かつての夫も若い。（とっておくべきだ）と心の声が言った。

とっておくべきだろうな、もし捨てたら後悔するだろうな。人が聞いたらあきれて私を非難するだろうな、家族のアルバムを捨てるなんて普通の神経じゃない、と。

そう思ったとき、（捨てよう）と決心がついた。いまの私は普通の神経ではない。イチかバチか、生きるか死ぬかの勝負時なのだ。火事で家が焼け落ちるというとき、子どもたちを救うためなら火の中に入りもしようが、アルバムを取りに戻ったりはしない。私はしない。そうだ、すべてが灰になったと思えばいいのだ。

私の人生はここでいったん終わる。そして山火事の後、灰の中から新しい芽が伸びてくるように、私もまた新しい人生を一から始めよう。

『岸辺のアルバム』という言葉が、そのときふっと頭に浮かんだ。

私が学生のころ新聞に連載されていた、山田太一氏の小説のタイトルで、後に八千草薫さんの主演でテレビドラマにもなった話題作だ。台風による多摩川の決壊と周辺民家の流出という、実際に起きた大災害をもとに、幸せな一家が、その歯車を徐々に狂わせて崩壊に向かっていく様子を描いていた。主人公の家庭が崩壊したとき、その家は彼女の目の前で家財道具もろとも濁流に呑みこまれ、流れ去っていったのだ。

悲劇のラストシーンは意外にも明るい印象で記憶に残っている。主人公はおそらく、洪水の引いたあとの河川敷がまた新しい芽をふき、青々とひろがっていくように、きっと立ち直ってまた歩き始めるだろう。そう予感させる幕切れだった。

これから私たち一家三人が移り住む多摩川のほとりは、そういえば『岸辺のアルバム』の一家が平凡な暮らしを営み、そして失った、まさにその土地、いまは青々と草地の広がる再生の地だったのだ。

映画に出しませんか？

新しい生活が多摩川のほとりで始まった。広い空、遠くの山、川の流れ、強い風、すべてが物珍しくうれしく、私は朝に夕にベランダに出て飽きることなく外を眺めた。

生活の激変に、元はパニックにもならずちゃんとついてきていた。いつもと同じであることを頑なに守ろうとしていた、元の大進歩である。

狛江第二福祉作業所の十七人の仲間たちの中で、十八歳の元はいちばん若い。これまでI組でリーダーを務めてきた元が、今度はみんなに面倒を見てもらう側になったのだ。

作業所と学校の大きな違いは、細かい時間割や、体育や美術の授業がないことに加え、もう進級がないというところにあるだろう。一年ごとに上級生になっていくこともなく、何より卒業とその先、という目標地点がもうない。あえて言うなら目標地点イコール人生の終了地点なのだ。霞がかかるほど遥か先の話である。

それに学校のように、一年頑張れば、さらに高度な課題を与えられ進歩していかれる、という保証もない。もともと作業所では仕事自体を確保するだけでも大変で、仕事の内容を選べるところまでいかないのだ。ここはもう月謝を払う訓練の場ではなく、賃金を貰う仕事の場なのだ、と意識を切り替える必要がある。

これまで、ひよこ教室、幼稚園、小学校、中学校、高校、と二、三年ごとに次の居場所を求めて右往左往してきたが、そんなふうに選択に悩んだのが、けっこう恵まれたことのように思えてきた。学校を出てしまうと突然選択肢がなくなってしまうのだ。

これからは学校や作業所頼みではなく、親が何らかの挑戦課題を見つけて、子どもに提供していかねばならないのかもしれない。

そうはいっても相変わらず私には余裕がなかった。自分で始めた仕事を軌道に乗せるために、考えることや、やることがいつも山ほどあったのだ。元の暮らしの質も大事だが、それより一家の生計がきちんと立つことの方が先決である。元のことは、作業所の久下主任や優しい職員さんたちを信頼して、まかせっきりになっていた。

狛江市に越してきてから半年が過ぎたある秋の日、思いがけない人から電話が入った。ノースカロライナでのスペシャルオリンピックス世界大会を撮影していた小栗監督である。閉会式のスタジアムで出会ってから、もう一年三カ月が経っていた。

小栗監督の用件というのは何と、元をドキュメンタリー映画に出演させてもらえないかという申し出だった。それだけならちょっと心動く話である。ところがその企画というのが、アメリカに連れていく、ホームステイをさせる、親や日本の風土から切り離したところで何が起きるか見たい、というのだ。ご冗談でしょう!

さらに、教育・福祉の専門家も医療関係者もスタッフに加えるつもりはなく、現地のスペシャルオリンピックスの日本人ボランティアを頼む気もない。ホストファミリーと撮影スタッフだけですべてをまかなうというのだ。ところが、肝心のそのホストファミリーは未定である、ときては何をか言わんや、もう無茶苦茶でござりまする。

まともな神経を持った障碍児の親であれば即座にお断りする話であろう。私も引越し騒ぎが一段落して大分ノーマルに戻ってきていたから、即座に断固お断りした。

断って落ち着いた頭でつらつら考えるに、もしあの企画を誰かよその親子が引き受けてくれるなら、けっこう面白いものが生まれるかもしれない。そして、それを映画館にかけられるとしたらどうだろう。果たしてお客さんが入るだろうか。

とにかく意表をついた企画だから、出来上がる映画は、これまであったような類型的な障碍者ものとは、一線を画したものになるに違いない。もし、それまで障碍者と縁のなかった一般の人たちが、その映画を見てくれるとしたら……。

小栗監督は私が断ったことで大分困っているようだった。当然のことながら、すでに何人もの親に断られたらしい。もう手持ちのカードが尽きたのかもしれない。小栗監督という人も、ずいぶん向こう見ずなおっちょこちょいだが、はてさて見つかるものだろうか、この無謀な企画に飛びつく、同じようなおっちょこちょいが……。

いつの間にか、私は観客サイドからもこの話を眺め始めていた。

しかし何といっても私は元の代理人である。元の利益にならないことは、どんな大義名分があろうとも引き受けるわけにはいかない。私が守らないで、一体誰が元の安全と利益を守るのか、と息まく親の心中も知らず、試しに聞いてみた元の答えは「いく」だった。アメリカに行く、というのだ！

変化を嫌う元の行動パターンを、長年観察してきた私の、目が点になった瞬間だった。向こう見ずのおっちょこちょいが、まさかうちの息子とは……。

「いく」と言ったって、アメリカにホームステイするとなれば、作業所は当然休まねばならない。入ったばかりで長期休暇を、とは言い出しにくい。私は恐る恐る久下主任にお伺いを立てた。ついでに、この映画の企画についてどう思うかも訊ねてみた。

「あらー、すごいじゃない！　行かせたら？　作業所の仕事は後でいくらでも出来るけど、そんな経験、今しか出来ないもの。映画だなんて私たちも楽しみ！　今までにないような映画になるといいわね」

久下主任の、まったく心配していないかのような明るい言葉に励まされ、私は勇気百倍、何だかやる気が湧いてきた。といっても、「やる」のはもちろん元なのだが……。

こうして事態は思わぬ急転回を見せ、元は、水泳プログラムですでに顔なじみだった淳君とともに、再びアメリカに渡ることとなった。そして『able』（エイブル）というタイトルのドキュメンタリー映画に二人で主演することになったのだ。

晴天のへキレキ、寝耳に水、ひょうたんから駒、犬も歩けば棒に当たる、まったく、とんでもなく大きな棒にいき当たったものだ。

『able』からのメッセージ

元に映画出演の話が飛び込んできたのは、作業所と家との往復で生活が単調になりすぎないよう気をつけよう、と思っていた矢先のことだった。そしてその話に乗ったときから、突然単調どころではない日々が始まった。

撮影に入る前にスタッフとの顔合わせがあったり、折よく来日したアーノルド・シュワルツェネッガー氏の記者会見に呼ばれていったり、『able』製作委員会のメンバーが壮行会を開いてくれたり、と普段、元が送っている片隅での地道な生活とはかけ離れた、華やかな席に出る機会が与えられるようになったのだ。

面白いことに元は、そういった晴れがましい席に出ていくことに、特別気後れを感じていないようだった。学校の晴れの式典であんなに固まっていたのと、同一人物とは思えない。淳君も同じく堂々としていた。

知的障碍のある子どもたちと接していると、彼らの自己評価の高さに驚かされることがある。もちろんそれは、家族や周囲の人たちの心配りの賜物であるのだが。

とても素直な心をもつ彼らは、まわりが彼らを大切に思いそのように扱えば、そのまま（自分は大切にされている）と感じ、それだけで自分には価値があると信じられるのだ。価値ある存在であるために、「勉強ができる」とか「スポーツ万能である」といった、どんな条件も必要ではない。

たとえば私はよく元に「ハンサムだ」とか「カッコいい」とか声をかける。すると元はうれしそうにニコッと笑う。「そーお？」とまんざらでもなさそうな返事をすることもある。それを見て私は、なんてすごいんだろうと感嘆する。元は鏡を見て自分の容姿を知っている。またテレビを見てアイドルの容姿も知っている。でも親が「カッコいい」と言えば、そうか、カッコいいんだ、と思ってくれるのだ。他人と自分を比較してひがむ、なんてつまらない心の使い方を元はしないのだ。素直な元の反応を見ると私はとても幸せな気分になる。

私たちも、そんなふうに人の言葉を素直に受け取れたらどんなにいいだろう。そう思って極力、元の真似をしてみる。

「渡辺さん、その服いいね」
「そーお？、ありがとう！」

これでいいのだ。間違っても、
「あ、これ？　実はバーゲンで安かったのよ」
などとは言わない。

「渡辺さん、若いね」

「そーお?、ありがとう!」

間違っても、

「どこが若いもんですか。物忘れはするし、目はかすむし、歳には勝てませんよ」

などとは言わない。

やってみるとこれが案外難しい。長年、謙譲を美徳としてきた日本人の意識には「謙遜する」という行動パターンが深く深く染み込んでいるらしく、ほめ言葉をそのまま肯定すると、たちまち罪悪感に襲われ居心地が悪くなるのだ。相手も予想外の反応に動揺するのか、○・五秒の不自然な間が空いたりする。しかし、それにもめげず素直な反応を返す努力を続けていたら、あるときから人生がふっと楽になった。人生といったら大げさに過ぎるか、ともかく人間関係は格段に楽になった。

なるほど、これが元の機嫌のよさの秘密か、と納得する。しかし元レベルの能天気の境地に達するためには、もう一段ステップを踏まねばならない。それは、感情をちゃんと表現するということだ。

これは「素直」の上級編で、入門編が人からのほめ言葉を素直に受け取ることだったのに対し、こちらは自分自身が感じていることを素直に受け取る、つまり、悲しいときは泣き、歌いたいときは歌い、怒っているときは怒りをあらわにする、ということだ。私たち大人がいちばん苦手とするところである。私もこの上級編の実践では苦戦している。

私が元を見習いたいのは「素直であること」、「感情をちゃんと表現すること」の他にも、「今、目の前にあることに気持ちを集中すること」、「人の善意を信頼すること」、「無理やり何かをさせられそうになったら徹底抗戦すること」などである。

中でもいちばん素晴らしいのは、自分だけの利益のために何かをしようとか、手にいれようとは、まったく考えていないことだ。このことは元に限らず、知的障碍のある人たちに共通して見られる特性である。彼らの自己評価の基準は絶対評価なので、他人と争って賞賛を勝ち取らなくてもいい。つまり競争の必要がないのだ。

それに対して、知的に発達していくと自己評価も相対化するため低い評価になりがちで、その不足感を埋めるため、競争に勝って人に認めてもらいたいという欲求が生じてくる。もちろん、高度な知性を持ちながら充足して穏やかでいることも可能だ。他人と自分を比較することを止められさえすれば。

結局のところ、人はいったい何を求めて生きているのだろう。満足、平穏、充実……、私はそんなものを求めている。元はすでにそれらを持っている。私はそれを分けてもらいたくて元をじっと見つめてきた。いいと思うところはできるだけ真似をした。

二十年余りをともに暮らすうち、私はいくらか元に似てきたように思う。過ぎたことやあまり先のことは考えなくなった。頭に来たこともすぐに忘れるようになった。テレビで『みんなのうた』が流れれば、元といっしょに大きな声で歌う。とくに顕著なのは、よく泣くようになったことだろう。「人前で涙は見せない」がモットーだった私が、ぽろぽろ泣いて、けろっと笑う。憎まれ盛りの長男が「ボケてきたんじゃないのか?」などとのたまうが、反論はしない。反論で身を守る必要もないのだ。

二十年余りともに暮らして、元もまた私に似るようになった。こちらは自慢にもならない。臆病の真似などしないでほしい。私の神経質なところが元にうつっていくのは本当に口惜しい。だから……。

白い壁の明るいルビ家で、力強いキャサリン、優しいマークの懐に抱かれ、淳と三匹の猫も交えた、暖かい家庭生活を送っている元をスクリーンで見て、

(ああよかった、私の影響下から一時的にでも逃れることができて……)

とほっとした。

その一方で少し胸が痛んだ。嫉妬の感情が芽生えたのだ。その好ましくない感情も、確かに存在するものとして、素直に受け入れることにしよう。

映画の始めの方では、元はおどおどと人の顔色をうかがっている。借りてきた猫といったところだ。本物の子猫のスパーキーが、その元をなぐさめるようにいつも側にいるのを見て、スパーキーに感謝した。

中盤から元はだんだん元気になり、いい笑顔も見せるようになる。マークにすっかりなついて、ひょこひょこ後をついて歩くのを見て、こんどはマークに感謝する。ひとりで泣いていた元のために、ケーキ作りの用意をしてくれたキャサリンに感謝する。

ゲンとジュンが明日は日本に帰ってしまうという最後の夜、二人と過ごした日々を振り

返ってキャサリンとマークが語り合う。

「二人は私がいい人間になるよう助けてくれたわ」

とキャサリン。

「二人とも本当にスペシャルだったね」

とマーク。

キャサリンもマークも「二人を誇りに思う」と言っているのを聞いて、ゲンとジュンに心から感謝する。

「ありがとう、キャサリンとマークの心に変化を起こしてくれて」

あなたたちの素晴らしさは国境を越え、人種の壁をも超えて伝わっていったよ。ただの母親の欲目なんかじゃなかったんだね。

私が元から学んだこと、キャサリンとマークがゲンとジュンから学んだことを『able』という映画を通して、会ったこともないたくさんの人たちに伝えられたら素敵だ。

知的障碍のある人たちは、ただただ人に助けてもらうだけの社会のお荷物なんかじゃない。障碍のない私たち（本当だろうか？）が忘れてしまった大切なことを、もう一度思い出せるよう、天から遣わされたメッセンジャーなのだ。

そのメッセージはこう言っている。

「私たちはみな、そのままで充分である」

「出来ることと出来ないこととの間に優劣の差はない」

「何も出来なくても、何も持たなくても、幸せでいられる」

だから、

「明日の心配はやめて、今日一日を精一杯生きようよ」と。

生還

二〇〇三年五月、有楽町国際フォーラムの大ホールで小野田寛郎さんが大勢の聴衆を前に講演していた。私は遠く離れた三階の隅の席でそれを聞いた。

八一歳の小野田さんは用意された椅子には目もくれず、しゃきっと背筋を伸ばして舞台中央に立ち、笑顔を浮かべつつ、歯切れのいい口調で自身の過酷な体験を物語った。小一時間の講演を終え、大きな拍手に送られて舞台を去る小野田さんの足取りは軽く、真っ直ぐな背中が強い誇りを感じさせた。

ルバング島から三十年の空白を経て生還したとき、小野田さんは五二歳でまさに浦島太郎状態だったが、その後の人生を余生とはせず、ブラジルに渡って牧場主となり、さらに、六五歳になってからは日本でキャンプ教室を開き、子どもたちに自然と共生する方法を教えている。たった一度の人生を二回も三回も生きているかのようだ。

強靭な意志を持つ人生の大先輩から元気をもらっての帰り道、(もう一冊本が書けるかもしれない……)と、夜空を仰いで私は思った。

二〇〇一年四月。元はアリゾナでの三カ月のホームステイと映画の撮影を終え、無事帰国した。使命を帯びたサバイバルからの生還である。

十六日に久しぶりのわが家に戻り、四日後の四月二十日に二十歳の誕生日を迎えた。いまどきの日本で、こんなふうに、大人への通過儀礼をくぐり抜けて成人する若者がどれだけいるだろうか。いつもは買ってくるバースデーケーキも、この日ばかりは手作りにし、元も自分で苺のトッピングをした。記念のスナップを撮って、キャサリンとマーク、小栗監督と花井助監督に送った。いい誕生日になった。

その後、元は作業所での仕事に戻り、また以前と変わりない暮らしが始まった。感心するのは、人とは違う特別な体験をしたというのに、そんなことを全く感じさせない自然体を保っていることだ。別に謙遜しているわけではなく、過ぎ去ったときよりも、現在只今に気持ちを向けているだけだ。普段通りなのである。

一方、私の生活はどうなったかというと、『able』以前、『able』以後、と分けられるくらい激変した。まず、思いがけず『able』のことを書いた本を出版することができた。それから各地の『able』上映会に呼ばれて、元や淳とともに舞台挨拶などさせられるようになった。会場に私の本を置いてくれるところもあり、そこでは本にサインを頼まれたりもする。何だか急に有名人にでもなったかのようだ。

悲しいかな、凡人の私は元や淳のように無心ではいられず、つい気持ちが浮ついてしまう。こういう処遇の激変は、もし元と淳が普通の子だったなら、その後の人生を狂わせかねない危険要因となり得ただろう。でもちゃんと足が地についている二人には、無用の心配なのだ。

『able』が東京・渋谷で封切られてからすでに一年八カ月が経つ。元と淳は挨拶回りの日々から解放され、静かな暮らしを取り戻している。そうそう、元はジャズダンスのクラスに通い始めた。『able』で元のダンスを見た知人が、近くのいい先生を紹介してくれたのだ。小学生の女の子たちといっしょのレッスンを、元は毎週楽しみにしている。

私はあいかわらず各地の上映会に呼ばれていき、『able』からのメッセージを親の立場から伝えている。映像がすべてを語っているのだから、それ以上私が何を言うこともないのだが、会場で見知らぬ人たち、特に障碍のある子のご両親と言葉を交わせるのがうれしくて、ついつい出かけていく。

小野田さんは生還した後、その特異な体験を人に語り伝えるようになった。特殊な体験というのは、もしかしたらみんなの代理として体験したので、そこで得られた情報は他の人たちと分かち合う義務があるのかもしれない。だとすると、私もすでにサバイバルから生還し、体験を分かち合うという地点までやってきたのだろうか。

気がつけば元と私のまわりは味方の包囲陣である。小栗監督とそのスタッフ、細川佳代子さんとスペシャルオリンピックスの仲間たち、キャサリンとマーク、『able』製作委員会のみなさん、『able』の上映会を開いてくれる全国の仲間たち、観に来てくれるたくさんの人たち……。

確かに以前とは状況が変わった。では、私たちは助かったのだろうか？（いや、まだだ）即座に心の声が返す。

『able』という映画が終わり、音楽とともにエンドロールが流れ、観客が涙を拭いて席を立っていっても、元の人生はまだ終わらない。人生というものは見せ場で終わったりはしないのだ。

長屋の花見

『able』公開からちょうど一年後の四月、『able』仲間が集まってお花見をした。

発起人は、ロードショー公開に際して宣伝を一手に引き受けてくれた、ムヴィオラの武井さんである。あいにく当日は朝からの雨模様となったため、会場を新宿のムヴィオラに移し、事務所の床に敷物を敷き車座になっての宴となった。

総勢十五、六人のメンバーがそれぞれに持ち寄った、手作りやテイクアウトの料理を輪の真ん中に賑やかに並べ、切り花の、いや切り枝の桜の下、思い出話にも花が咲いた。

もちろん元と淳も輪の中にいて、ご馳走をほおばりながらみんなの話を聞いていた。元は非常に鋭敏なセンサーの持ち主であるから、普段は大勢の人が集まるパーティーのような場では、そわそわと落ち着かなくなる。ここでリラックスしていられるのは、集まっている人たちにすっかり気を許して安心しているからだ。ふと気づくと元が隣の松永カメラマンの大きな手に自分の手を重ねようとしていた。

飛び交っている話の内容は、この夏ムヴィオラが手がける、レニ・リーフェンシュタールの最新作の情報から、百歳になるレニ自身の生き方をめぐって、またSO事務局の渡辺さんが社会人大学院生になった報告など、どれも刺激的でわくわくする、普通の大人の会話だ。ああ、ずっとこういう会話に飢えていた、とつくづく思う。

こんな顔ぶれの中に、ダウン症の元と自閉症の淳が何気なく紛れ込んでいることがうれしい。『able』というプロジェクトが終わっても、こういう環境を二人のために保ち続けられたらいいのに……。

まだテレビというものが出現する前、小学生だった私の楽しみは、毎晩ふとんの中でラジオから流れてくる落語を聞くことだった。いろいろな話の中でも特に、八つぁん、熊さん、横丁のご隠居さん、そして与太郎の出てくる長屋話が大好きだった。与太郎というのは、そういえば長屋に住む知的障碍者のことだ。

この与太郎を、八つぁん、熊さんが案じてご隠居さんに知恵を借りにいく。与太郎が小遣い銭くらいは稼げるように、みんなで面倒を見て小間物屋の露天商を開かせる。今ならさしずめフリーマーケットに出店させるといったところだろう。

しかしそこは与太郎、まわりの思惑など知らぬ気に、とんちんかんなことばかりやって商売をぶちこわしてしまう。たった一人の与太郎にまわりが振り回されてドタバタし、張本人の与太郎はいつも涼しい顔だ。その対比がおかしかったのと、八つぁん、熊さんのおせっかいで気短かで、けれど人情に厚いその人柄に子ども心に惹かれてもいたのだろう。

長屋をあげて花見にいく楽しい話もあった。派手に繰り出してはみたが貧乏長屋のこと、重箱の中身は卵焼きに見立てた沢庵、蒲鉾ならぬ大根だ。お酒のつもりの水を一升瓶から飲んでみんなで酔っ払う。

今、私の目の前には、どれも本物のおいしそうな一品料理が並び、ちゃんとアルコールの入った飲み物も用意されている。頭の上には桜の一枝もある。もちろん与太郎だっている。ノーマライゼーションなんて怪しげなものではない。長屋の花見コミュニティだ。

私が元のために夢見ているのはこんな世界だ。障碍者が障碍者だけのゲットーに押し込められたりしない世界。働き盛りも老人も、子どもも若者も障碍者も、いろんな人が血縁にとらわれず一緒に暮らせる小さな共同体。みんながそれぞれ自分の得意なことで労力を提供し合い、他の人たちのために何らかの貢献をし合う。

他人同士が共同で家を建てたり、大きな古民家を何人かで住み分けたりと、そんな試みはすでに各地で始まっている。ただ、そこに障碍者も含めるという観点がまだないだけだ。それなら私が今ここで、その観点を加えよう。

家を建てるにはまず青写真から。手に入れたい未来は、まず夢見ることから生まれるのだから。

「こんどの『able 2』の主人公は、エイミーというアイルランド人のダウン症の女の子でね……」

宴の半ばで小栗監督がこう切り出した。うんうん、とみんなが身を乗り出した。

『able』は公開後、各種メディアに好意的に迎えられ、渋谷でのロードショーが終わった後も、全国各地で自主上映会が引きもきらない盛況である。それを受けて『able 2』の製作が決まったということは知っていた。しかし、キャスティングなど細かい内容について聞くのはこれが始めてである。

「エイミーは十八歳で、家族にはもうひとり障碍のある妹がいる。エイミーの家庭は全部で十四人という大家族で……」

大家族。十四人の中の二人の障碍者。今この花見の席にも、十五人のメンバーの中に二人の障碍者がいる。

正式なタイトルを『ホストタウン（Host Town）』という、そのドキュメンタリーの舞台は、今年（二〇〇三年）六月、スペシャルオリンピックス世界大会が開かれるアイルランドのダブリンとその周辺の町で、そこに世界中から集まってくるSOアスリートたちの様子も紹介される。日本からも五十数名の大選手団が参加する予定で、その中の一人とエイミーを出会わせたいと監督は考えているようだった。

元が参加したノースカロライナでの世界大会から四年が経ち、次の大会が開かれる時期となっていたのだ。まだ四年しか経っていないのか、と少し驚く。

あれからあまりにもいろいろなことが立て続けに起こった。元はともかく、私はいくらか消化不良気味である。でも次の『ホストタウン』を観れば何かがはっきりしてくるような気がした。

元と私に起きたこれまでの一連の出来事は、どれも偶然によってもたらされたものだ。しかしちょっと視点を引いてみれば、まるである意図に沿って計画されたかのようでもある。ならば、ここからは「ある意図」にすべてを任せることにしようか。

映画はヒットすれば続編がつくられる。人生はヒットしてもしなくても毎日が「つづく」の連続だ。いや、密かにヒットしているのかもしれない。どんな片隅の地味な物語にも、ずっと観つづけてくれている静かな観客が、どこかにいて……。

おわりに

ディレクターズシステムの花井さんからＦＡＸが入った。渋谷のイメージフォーラムで『able』が封切られた直後のことだ。

「ableホームページの掲示板に元君の友達からの書込みがあります。ぜひ返事を。」

そして二件の書込みがそこにコピーされていた。私は目を見張った。

「No. 29　あの元ちゃんでした！投稿者・・西窪直子　2002/04/07（sun）23:35:35
渡辺元くん、お久しぶりです！道塚小学校で5、6年生の時に同じクラスだった直子です。ぴあで偶然に元ちゃん（昔の呼び方で呼ばせてもらいます！）の写真を見つけて驚きました。今日は一日中家にいるつもりだったけど、急いで渋谷のイメージフォーラムに行き、観てきましたよ！8年ぶりにスクリーンを通して見る元ちゃんは大人っぽくなってたね。あたりまえか（笑）

でも素敵な笑顔や声、走り方、泣き方は私が見ていた元ちゃんと変わっていなく、とても嬉しかったです。作品の中ではアメリカで頑張って働いたり遊んだりして、どんどん成長する元ちゃんを見て、本当に感動しました。印象的だったのはホテルで生き生きと仕事をする姿とポラロイドで楽しそうに写真を撮る姿、パーティーでのダンス姿かな。キャサリンが言っていた「どこに居てもゲンはゲンらしい」「ゲンは一瞬一瞬を楽しく生きている」という言葉もとても心に染みました。実は私は今、大学で映画を勉強していて、ドキュメンタリーとしてもこの作品はとても勉強になりました。また小栗監督の撮る映像には何度もはっとさせられました。
私にとって元ちゃんは同じ教室で学んだ旧友で、「障害者」という特別な目で見ることはありませんでした。その元ちゃんの頑張っている姿に、私も負けてはいられないな、という気になりました。どこに居ても私は私らしく、一瞬一瞬を楽しく生きていけたら、と思います。」

（原文のまま）

「No. 55　覚えてるかな?　投稿者：りんぺい　2002/04/22（mon）23:24:42

新聞で名前を発見して、俺の知ってる元チャンか?と?になったが、「渡辺元１９歳ダウン症」の人間はそう多くはないだろう。
偶然渋谷で宮崎に会って、「今から見に行く」っていうから、俺も見に行くことにした。スクリーンの中の元ちゃんは確かに俺の知っている元ちゃんだった。動物や何かモノに触れる時に少し反る指、ちょっと傾いて走る姿。すべてが懐かしかった。そして、なんか嬉しかった。久しぶりにおばちゃんとも元ちゃんとも会いたいと思った。覚えてますか?りんぺいは相変わらず元気です!」

（原文のまま）

西窪直子ちゃん、高橋倫平くんの顔や声、しぐさが瞬時によみがえった。しかしその幼さと、ここにある若者らしい文章との落差に驚く。驚きながらもうれしくてたまらない。あわててパソコンの電源を入れ掲示板を開くと、りんぺいを『able』に誘ってくれた宮崎朋子ちゃんからの書込みも見つかった。初期の書込みは今はもうカットされており、原文をそのままご紹介できないのが残念だが、

「看護士の勉強のためにこれからアメリカに渡ります。不安もあるけれど、元ちゃんに負けずに頑張ります!」

と書かれていた。

ともちゃん、アメリカで大変なときは元のことを思い出してね。泣いていた元を、そして笑っていた元を。

テレビを見ていた元をパソコンの前に呼びよせ、画面を指しながら、「これは、なおこ

ちゃんからの手紙、こっちはりんぺい君、そしてこれは、ともちゃんから」と三通のメールを読んで聞かせた。元は腰をかがめ、少し口を開けて画面に見入っていたが、私が「……元ちゃん……」と読むたびに、かすかににんまりした。

ありがとう、みんな。おばちゃんはうれしい。どんな偉い人からほめられるより、勲章をもらうより、みんなの言葉が、心の底からうれしい。

『ホストタウン』に寄せて

二〇〇四年一月七日。『ホストタウン』完成初号試写。

ついに試写の日がきた。初めて『able』の試写に招ばれた日のことが思い出される。

二年前のその日、朝からそわそわ落ち着かず、元とともに五反田のイマジカには指定時刻より早めに到着した。ロビーにはすでに高橋さんと淳君の姿があり、淳君はそこで持参の昼食をぱくついていた。小栗監督がロビーに姿を見せ、私たちを試写室へと誘う。「なんだかドキドキします」と私が言うと、「いや、いちばんドキドキしているのは僕でしょう」と監督が返した。いつも泰然とかまえている小栗監督でも、ドキドキするなんてことがあるのか、と一つ発見をした。

二回目があるなんて、そのとき私は夢にも思わなかった。今回私は『able 2』製作委員会のメンバーとしてこの試写会に来ていた。『able』製作の過程で、製作委員の方々の損得抜きの献身的な活動ぶりを目の当たりにし、それまで知らなかった世界に目を開かれる思いだった私にとって、これは夢のような成行きである。案の定、資金集めでは私はさっぱり役に立たず、近衛甯子《やすこ》さんを始めとする他のメンバーたちの豊かな人脈と驚異的な集金力に、相変わらず目をみはるばかりだったのだが。

試写会場には再び元の姿もあった。ただし今回は家を出るときから別行動で、会場での席も離れ離れにとった。そんなことが可能になったのは、ガイドヘルパーさんという頼もしい助っ人が現れたおかげだ。

二〇〇三年から全国で発足した「支援費制度」に基づき、知的障碍者の自立支援のため、その外出に付き添う「ガイドヘルパー」という職種が誕生した。この制度が定着すれば、これまでボランティアさんの好意に頼ってきた私たち親は、気がねなくプロの付添い人に子どもを託せるようになるのだ。

前著『able　生まれるだけで冒険だった』のあとがきにこんなことを書いた。

「子どもを育てるのはその子を巣立たせるためだ。それは障碍児であろうが同じことなのだ。ただ障碍のある子たちには、もう一段階か二段階のステップがどうしても必要である。そこでは親に代わって必要な時、行動を共にしてくれる第三者に登場願わねばならない」

そう書いたとき、こんな制度はまだ日本になかった。それからたった二年で状況は変わったのだ、私が夢見たように。この日は『ホストタウン』の完成と、『able』を契機として、私が思い描くようになった夢の一つとが実現した、記念すべき日となった。

『ホストタウン』はアイルランドの美しい牧歌的な風景の俯瞰から始まる。

私のお気に入りの映画『ウェイクアップ・ネッド』『マイ・レフト・フット』と同じく、アイルランドの田舎町が舞台であることに、それだけで心なごむ。SO世界大会のホストタウン、ニューブリッジで、ダウン症のエイミーと脳性麻痺のリンジー、その姉妹をとりまく十四人もの大家族を見出した小栗監督のセンス、そして強運にあらためて感心する。

小さな田舎町のたたずまいと、大家族の暮らしが淡々と描かれていき、そのゆったりしたリズムに身体が馴染んだ頃、突然大画面にスタジアムをびっしり埋める十万の大観衆が、そのどよめきとともに映し出された。身体中が総毛立った。その瞬間、私は四年前のノースカロライナでの開会式にワープしていた。あの日感じたカルチャーショックが生々しくよみがえった。いったいどこから湧いてきたのか、という大観衆を目の当たりにして、信じられない思いだった。この人たちみんなが、あの知的障碍のあるアスリートたちを応援しに集まっているのか、本当に？

大観衆だけではない。轟音に空を仰げば、小型機の編隊が白い筋雲を広げながらスタジアム上空を横切っていき、それに応えて地上からも祝砲が轟きわたる。フィールドに設けられたステージには、スティービー・ワンダーをはじめ、音楽・スポーツ・芸能界のビッグスターたちが続々と姿を見せていた。（何なの！　この豪華さは！）

怒り、迷い、疑い、自分をなだめてきた、あのちっぽけな日々とのあまりのギャップに呆然とする。この盛大な祭典は、他でもない知的障碍のある青少年と、その親である私たちのために開かれているのだ。嘘のようだが、これも確かな現実なのだ。

そのとき私の胸に「ありがたい」「申し訳ない」という二つの思いが同時に浮かんだ。「ありがたい」は、こんな素晴らしい大会を開いてくれたすべての関係者に。「申し訳ない」は、ここに来られず、この光景を見ることができなかった大勢の親たちに。

あまりにも恵まれてしまった私には、そのときから一つの責任が生じた。これを他の親たちに伝えなくては、「私たちは大丈夫だ」と。子どもたちは相変わらず障碍を抱えたままだが、そのままで受け入れられている。ほら、ここで、こんな大歓声を受けて。

ここにいるアスリートたちは記録保持者だからでもなく、祖国にメダルをもたらしそうだからでもなく、ただ精いっぱい自分の可能性を広げようとしている、というそのことだけで、あんな暖かい拍手を浴びているのだ。この発見を一人でも多くの親たちに伝えたい。でも、どうやって？

『ホストタウン』の中で小栗監督が私の問いに答えてくれた。ほら、映画なら大勢の人たちにあの光景を観てもらえるよ、と。……よかった、本当に。四年前、監督とノースカロライナでの時間を、だてに共有したわけではなかったのだ。

「ありがとう！」同じ年に生まれ、同じ時代の波をかいくぐってきた同志小栗謙一監督へ。

「ありがとう！」その華奢な身体で向かい風を切り開き、いつも先頭に立ち続けてくれる、敬愛する先輩、細川佳代子さんへ。

「ありがとう！」スペシャルオリンピックスと『able』『ホストタウン』に力を貸してくださった日本中のみなさん、そして世界中のみなさんへ！

【付記】

本文中で紹介されている、あるいは関連のある、知的障害児・者支援団体の連結先は左記の通りです。どうか有効にご活用ください。

NPO法人　スペシャルオリンピックス日本事務局
〒860-0845　熊本市上通町一―二四　ピアーレビル3F
Tel 096（352）4000　Fax 096（352）1820

NPO法人　スペシャルオリンピックス日本・東京事務局
〒105-0001　港区虎ノ門二―六―七　虎ノ門2丁目アネックス7F
Tel 03（3501）4680　Fax 03（3501）4690
http://www.specialolympics-nippon.gr.jp/

「able」の会事務局
〒105-0001　港区虎ノ門二―六―七　虎ノ門2丁目アネックス7F
Tel・Fax 03（3500）3320
http://www.film-able.com/

ドーマン研究所　東京オフィス
〒107-0062　港区南青山五―四―二九　レイケイ南青山ビル２F
Tel 03（3797）5950　Fax 03（3797）5963
http://www.doman.co.jp/

財団法人　日本ダウン症協会
〒162-0051　新宿区西早稲田二―二―八
社会福祉法人　全国心身障害児福祉財団内
Tel 03（5287）6418　Fax 03（5287）4735
http://www.jah.ne.jp/~jds97/

社団法人　日本自閉症協会　東京都支部
〒162-0051　新宿区西早稲田二―二―八
社会福祉法人　全国心身障害児福祉財団内　３F
Tel 03（3232）6169　Fax 03（3232）6171
http://www.autism.jp/

【著者紹介】
渡辺ジュン（わたなべ・じゅん）
セラピスト、「ヒーラーズ・ネットワーク」主宰
1947年8月1日生まれ。上智大学社会学科一期生。
トランスパーソナル心理学、ヴィション心理学、催眠療法、気療法など、心と身体について学ぶ。
現在、大人のための「やり直し進路相談」に力を入れている。
著書『able　生まれるだけで冒険だった』（元就出版社）
http://www.geocities.jp/healersnet/

療育サバイバルノート

2004年4月20日　第1刷発行

著　者　渡　辺　ジュン
発行人　浜　　正　史
発行所　株式会社　元就《げんしゅう》出版社
〒171-0022　東京都豊島区南池袋4-20-9
サンロードビル2F-B
電話　03-3986-7736　FAX　03-3987-2580
振替　00120-3-31078
装　幀　唯　野　信　廣
印刷所　株式会社　シナノ

※乱丁本・落丁本はお取り替えいたします。

ISBN4-86106-004-4　C0095

渡辺ジュン

able／エイブル

生まれるだけで冒険だった。ダウン症の息子に教わった新しい生き方―二〇〇一年『毎日映画コンクール記録文化映画賞』受賞作『ａｂｌｅ』に出演した渡辺　元の母親が描く二十年の行跡。

「レット・イット・ビー」。それがきっと私に投げ与えられた答えなのだ。「あるがままに」「なるようになる」「物事を起こるにまかせてごらん」と。（そうだ、元に聞いてみよう）。そんな考えが初めて浮かんだ。（本文より）

■定価一五〇〇円（税別）